AF567242

Bruno Fabeyer

Bruno Fabeyer

»Waldmensch« und »Moormörder«

Eine reale Kriminalgeschichte

erzählt von

Christof Haverkamp

mit 24 Abbildungen

EDITION TEMMEN

Impressum

Die Deutsche Bibliothek verzeichnet diese Publikation in der Deutschen Nationalbibliografie; detaillierte bibliografische Daten sind im Internet unter www.dnb.de abrufbar.

2. Auflage

© Edition Temmen e.K. 2023
Hohenlohestr. 21 – 28209 Bremen

info@edition-temmen.de
www.edition-temmen.de

Alle Rechte vorbehalten

Printed in the EU

ISBN 978-3-8378-4071-1

Inhalt

Vorwort

Waldmensch, Moormörder, Phantom, Unhold und vor allem Polizistenmörder: So hat man Bruno Fabeyer genannt, den Mann, der Polizisten, Journalisten und die Bevölkerung Mitte der 1960er Jahre monatelang in Atem hält. Versteckt in den tiefen Wäldern von Wiehengebirge und Teutoburger Wald, versetzt er die Menschen des Osnabrücker Landes in Panik, vor allem die Dorfbewohner. Schon ein Rascheln an den Scheunentoren macht die Landbevölkerung nervös und lässt sie zusammenzucken.

Der gefährliche Einbrecher zählt 1966/67 zu den meistgesuchten Kriminellen in Deutschland und löst eine der spektakulärsten, umfangreichsten und teuersten Fahndungsaktionen der Nachkriegsgeschichte aus. Er beschäftigt Politiker wie den FDP-Abgeordneten Hans-Dietrich Genscher – und noch zu Lebzeiten findet er Eingang in die Literatur, als Vorlage für eine Romanfigur. Waldemar Burghard, erst Osnabrücker Kripo-Chef, später Direktor des Landeskriminalamts Niedersachsen, verfasst nach Fabeyers Tod einen Nachruf – eine Ehre, die nur wenige Kriminelle erhalten. Für den Chef-fahnder ist der Serientäter »ein Typ, der Polizeigeschichte schrieb«.[1]

Fabeyers Biografie und vor allem seine Flucht würden sich bestens für einen Kinofilm eignen, sein Leben und Wirken enthalten tragische und komische Elemente. Ältere Osnabrücker kennen die Geschichte des Einbrechers in groben Zügen, Fabeyer hat sich ins kollektive Gedächtnis der Bevölkerung eingegraben – den meisten Jüngeren und Zugezogenen sagt der Name dagegen nichts.

Wer war dieser Bruno Fabeyer, wie hat er gedacht und wie entwickelte er sich zum Kleinkriminellen und Schwerverbrecher? Wie schaffte er es, sich über Monate im Wald zu verstecken, ohne dass ihn die Fahnder zu fassen bekamen? Wie reagierte die Polizei und wie die Bevölkerung? Man kann sich dem Phänomen aus regionalgeschichtlicher und gesellschaftskritischer Perspektive nähern oder aus kriminalhistorischem und sozialpsychologischem Blickwinkel. So viel wie möglich soll in diesem Porträt berücksichtigt werden, um ein Bild mit differenzierten Schattierungen zu zeichnen. Zunächst einmal aber geht es um eine chronologische, ereignisgeschichtliche Darstellung seines Lebens und um die Rekonstruktion seiner Flucht. Als Quellen dienen bislang in den niedersächsischen Landesarchiven gesperrte Akten vor allem der Staatsanwaltschaft und der Kripo Osnabrück sowie Zeitungsberichte und Fachaufsätze – und die Spurensuche führt zu den Schauplätzen seines Wirkens.

Familie, Fürsorge und Verurteilung wegen Fahnenflucht

Auf eine glückliche Kindheit kann Bruno Fabeyer nicht zurückblicken, im Gegenteil: Es beginnt ein Leidensweg mit wenig Chancen. Sein Vater, der Fabrikarbeiter Friedrich Ludwig Fabeyer, geboren am 18. November 1890 in Westerkappeln, heiratet am 23. Februar 1923 im westfälischen Gronau die Fabrikarbeiterin Luise Langemeyer aus Lechtingen, geboren am 28. März 1891. Warum sie in Gronau heiraten und dann nach Osnabrück ziehen, lässt sich den Akten nicht entnehmen. Am 4. Juni 1926 kommt Bruno Fabeyer in Osnabrück zur Welt, als zweiter Sohn nach seinem zwei Jahre älteren Bruder Fritz.

Die Familie lebt zunächst an der Meller Straße 239 im Stadtteil Fledder, und Friedrich Fabeyer steht im Adressbuch mit der Berufsbezeichnung Händler.[2] Der Vater leidet an Syphilis, schlägt sich als Gewohnheitsverbrecher durch, ist mehrfach vorbestraft.[3] Sein jüngerer Bruder, der in Lotte lebende Arbeiter Wilhelm Fabeyer (* 1902), wird 1926 durch das Schöffengericht Osnabrück wegen schweren Diebstahls und 1937 vom Schöffengericht in Münster wegen Kuppelei zu vier Monaten Gefängnis verurteilt. Dessen Ehefrau Hedwig (* 1903) verurteilt das Gericht wegen gemeinschaftlicher Kuppelei und Diebstahls in zwei Fällen zu acht Monaten und drei Wochen Gefängnis.[4]

Als Bruno zwei oder drei ist, verliert er für ein halbes Jahr das Sprechvermögen. Über die Gründe für die Aphasie, wie der Fachbegriff dafür heißt, wird spekuliert: Kommt es von einer Rauchvergiftung, einem Sturz in kochendes Wasser oder der »Englischen Krankheit«, der Rachitis? Alles ist möglich. Vielleicht liegt es auch daran, dass er als Kleinkind mitkriegt, dass sein Vater 1929 zu einer längeren Zuchthausstrafe verurteilt wird.[5] Erst nach einem halben Jahr redet der Junge endlich wieder – und stottert. Diese Sprachstörung bleibt ihm bis zum Lebensende. Wahrscheinlich hätte man sein Stottern in der Kindheit therapieren können, doch das ist unterblieben.[6]

Die Mutter ist mit der Erziehung ihrer beiden Jungen überfordert.[7] Im Frühjahr 1933, da ist Bruno sechs, beantragt Luise Fabeyer beim Jugendamt, ihren ältesten Sohn Fritz in die Fürsorgeerziehung aufzunehmen, »da sie nicht genügend Gewalt über ihn habe, um ihn vor Verwahrlosung zu schützen«.[8] Drei Jahre lebt er in der Jugendfürsorge.

Bruno Fabeyer bleibt in dunkler Erinnerung, dass sein Vater wiederholt seine Mutter misshandelt hat, aber er hat ihn kaum gekannt. Die Eltern lassen sich in dieser Zeit scheiden.[9] Über seine Schullaufbahn sagt er, dass er 1932 in die Overbergschule (am Schölerberg) eingeschult worden ist und dann nach einem Umzug die Domschule besucht. Zweimal bleibt der Junge in der Volksschule sitzen und lernt vorübergehend in einer katholischen Hilfsschule, der Detmarschule.[10] In allen Schulen, so berichtet Fabeyer später, sei er wegen des Stotterns oft gehänselt worden, so dass er keinen Anschluss bekommt und bereits in der Kindheit das Schicksal eines Außenseiters erlebt. Nur zu seiner Mutter fühlt er sich hingezogen. Sie zeigt sich in der Erziehung sehr nachsichtig und lässt ihn tun, was er will. Ist sie mit seinem Verhalten einmal nicht einverstanden, belässt sie es bei Vorhaltungen und leeren Protesten.[11]

Schon früh kommt er mit dem Tod in Berührung: Der achtjährige Junge muss 1934 erfahren, dass sich sein Vater im Gefängnis erhängt hat. 1938, da ist Bruno zwölf Jahre alt, wird er bei einem Bauern in Lechtingen untergebracht. Erstmals fällt er durch einen Diebstahl auf: Mit seinem Bruder Fritz stiehlt er 54 Reichsmark für den Kauf einer Luftpistole, danach reißen die beiden Jungen aus.[12] Über Hamburg, so haben sie überlegt, wollen sie in die Vereinigten Staaten auswandern. Sie gelangen bis zur Davidswache auf St. Pauli, doch ihr Versuch, ein Schiff zu besteigen, misslingt. Beide Jungen werden nach Osnabrück zurückgebracht und der Fürsorge unterstellt. Bruno Fabeyer ist, wie später die Justiz urteilt, ein Kind, das sich umhertreibt, frech ist, die Schule schwänzt und stiehlt. Daher wird am 4. Oktober 1939 die vorläufige Fürsorgeerziehung angeordnet.[13]

Bruno Fabeyer selbst sagt, er habe im Knabenheim Himmelsthür in Hildesheim gelebt; damit meint er den Bernwardshof, ein Kinderheim für Jungen.[14] Er besucht dort die Heimschule, wird ohne Abschluss aus der Volksschule entlassen und kommt am 17. April 1941 als Landarbeiter zum Bauern Beckmann nach Elbergen bei Lingen. Im südlichen Emsland bleibt er demnach ein halbes Jahr und hat diese Zeit später in angenehmer Erinnerung. Dann sterben der Bauer und seine Familie an Tuberkulose und ein Verwalter übernimmt den Hof. Von ihm fühlt sich der Jugendliche schikaniert und flieht.[15] Nach knapp zwei Wochen bei seiner Mutter muss er am 22. Oktober 1941 zum Bauern Hermann Schmidt in Bippen-Restrup nördlich von Fürstenau – und entweicht bereits nach acht Tagen.

Weil er die Arbeitsstelle ohne Genehmigung der Fürsorge verlassen hat, liefert ihn die Osnabrücker Polizei Mitte November 1941 im Provinzialjugendheim Wunstorf ab. Es ist erst wenige Wochen vorher, am 1. Oktober, als Einrichtung im Rahmen der Fürsorgeerziehung entstanden, als Nachfolgeeinrichtung der kurz zuvor aufgelösten »Provinzial Heil- und Pflegeanstalt Wunstorf«.[16] Unter der strengen Aufsicht fühlt sich Fabeyer nicht wohl. Er muss schwere Schläge hinnehmen, wird gequält und misshandelt. In einer Beurteilung heißt es, er sei »gleichgültig, schwerfällig, heimtückisch, unoffen und gemütsarm«.[17] Mehrfach versucht Fabeyer auch hier, vor der Zwangserziehung zu fliehen. So montiert der Junge, als er am 15. März 1942 Arbeiten im Haus erledigen muss, in einem Waschraum ein Fensterschloss ab und nimmt sich vor, in der Dunkelheit durch das Fenster zu entweichen. Für den Direktor der Anstalt, Werner Gerstenberg, ist er nicht mehr tragbar, der Psychiater hält eine Überführung in das strenger geführte Provinzial-Erziehungsheim Göttingen für dringend notwendig.

In der Sondereinrichtung, die sich nach eigener Darstellung um »schulentlassene psychopatische männliche Minderjährige« kümmert, wird der 15-Jährige am 23. März 1942 aufgenommen. Die Erziehung schwererziehbarer Jugendlicher, die in anderen Heimen nicht tragbar gewesen sind, steht in diesem Erziehungsheim mit etwa 60 bis 70 Jugendlichen im Vordergrund.[18] Er sei »stumpf, verschlagen, misstrauisch, verstockt und gefühlsarm und leicht beeinflussbar«, schreibt die Heimleitung über Bruno Fabeyers Verhalten.[19] Sie charakterisiert ihn als »geistig wenig interessiert, intellektuell noch ausreichend, in seinem Wesen missmutig, unfroh, undurchsichtig, verschlossen, unzuverlässig, weich und haltlos«.[20] Wörtlich heißt es in den Akten: »Er gehört zu den unsympathischen Typen.«[21]

Eine völlig negative Beurteilung durch die Heimleitung, aber man kann es auch anders sehen. In der Einrichtung erfährt Bruno Fabeyer einen Umgang mit Gewalt, den er 25 Jahre später als Angeklagter vor Gericht so schildert: Bei der Einlieferung wird er kahlgeschoren, und ein Erzieher scherzt vor versammelter Mannschaft: »Und nun wollen wir doch mal sehen, ob er Schmerzen vertragen kann.« Acht Zöglinge verprügeln ihn. Hier habe er seinen »Knacks« wegbekommen, sagt er Jahre später weinend als Angeklagter.[22] Was der Junge erleidet, sind die brutalen Erziehungsmethoden der Nationalsozialisten.

In einer Außenkolonne wird er mit Garten- und Feldarbeiten betraut und gilt unter straffer Aufsicht als guter Arbeiter, sonst ohne Interesse und Ausdauer.[23] Fabeyer ordnet sich nur unter Zwang unter. Heimlich versucht er, Post aus dem Heim zu schmuggeln. Dass er Fluchtpläne schmiedet und mindestens einmal entweicht, bleibt nicht verborgen.[24]

Seine Mutter möchte ihn wieder bei sich haben; sie stellt im Januar ein Gesuch auf Arbeitsurlaub, denn sie kann, wie sie behauptet, »mein (sic!) Sohn an der Reichsbahn gut unterbringen, und es ist auch was für sein späteres Leben«.[25] Der Antrag wird ebenso abgelehnt wie ein Urlaubsantrag für Bruno Fabeyer zu Ostern 1943. Anderthalb Jahre sei ihr Sohn nicht mehr zuhause gewesen, schreibt die Mutter und verspricht, sie werde dafür sorgen, dass er pünktlich wieder zurückkomme. Doch zu den Feiertagen verhängt die Heimleitung »aus Verkehrsgründen« eine Urlaubs- und Besuchssperre.

Am 16. Juni 1943 wird Fabeyer als Arbeitsbursche zum Schlachtermeister Louis Wulff in Lenglern im Kreis Göttingen gegeben, bleibt aber der Fürsorge unterstellt. Auch hier entweicht er am 12. Oktober.[26] Als ein Kriminalbeamter aus Osnabrück ihn wieder zurückbringt, flieht er schon auf dem Weg vom Göttinger Bahnhof zum Heim. Am 29. Oktober nimmt ihn die Kripo in der Stadt fest und steckt ihn ins Provinzialerziehungsheim, wo er bis zum 29. März 1944 bleibt. Der ständige Wechsel von Heim und Flucht endet, als er zur Wehrmacht einberufen wird.

Seine Mutter wird noch am Anfang des Jahres ermahnt, weil sie ihm vier große Pakete mit Lebensmitteln geschickt hat. »Es geht nicht an, dass auf diese Weise ein einzelner Junge des Heims wesentlich bessergestellt wird als seine Kameraden«, erfährt Luise Fabeyer in einem Brief. Die Witwe wird aufgefordert, mindestens bis Ostern kein Paket zu schicken.

Was für Kontakte er zu anderen Jugendlichen hat, lässt sich den Akten nicht entnehmen. Aber Freundschaften mit Mädchen hat Bruno Fabeyer nach eigenen Angaben wenig oder nur kurz geschlossen.[27] Spätestens nach einer Woche hätten sie ihn wegen seines Stotterns sitzen gelassen. Von Freunden hält der Junge nichts, »er will mit ihnen die Erfahrung gemacht haben, dass sie nur ›da‹ sind, wenn sie ›etwas‹ erben können«, ist in den Justizakten notiert. Ein enges Verhältnis hat Bruno aber zu seinem Bruder Fritz.[28]

Auch Fritz Fabeyer ist ins Provinzialerziehungsheim in Göttingen gesteckt worden, weil seiner Mutter die Erziehung über den Kopf gewachsen ist. Offenbar treibt er sich viel umher, schwänzt die Schule und kümmert sich nicht um die Anordnungen der alleinerziehenden, berufstätigen Frau. Das Amtsgericht Osnabrück folgt dem Antrag auf Fürsorge. 1936 wird Fritz Fabeyer versuchsweise auf drei Monate beurlaubt. Bis er 14 ist, besucht er die Volksschule, erreicht aber nur die 3. Klasse.[29] An den Nachmittagen arbeitet der Junge vom September 1937 bis März 1938 beim Feinkostgeschäft Gustav Hünefeld an der Großen Straße als Laufbursche. Vom April bis Juli 1938 beschäftigt ihn das Sporthaus Lescow, Domhof 7, als Laufburschen. Man betraut ihn mit der Aufgabe, das Postschließfach der Firma zu entleeren – und dabei kommt es offenbar zu Unregelmäßigkeiten.

Anschließend arbeitet Fritz Fabeyer bis zum Oktober 1939 als Hilfsarbeiter bei der Osnabrücker Textilfirma Hammersen, dann bringt man ihn wieder ins Erziehungsheim nach Göttingen. Vom 15. Juni bis 8. Dezember 1940 ist er als Kistenmacher beim Gewürz-Unternehmen AVO-Werke in Osnabrück an der Straße Wachsbleiche beschäftigt. Von Juni bis November 1941 arbeitet er zeitweise für den Schausteller Bruno Glöss aus Vechta, sammelt als Hilfskassierer das Fahrgeld ein und baut die Fahrgeschäfte auf und ab, bevor er im Januar 1942 erneut nach Göttingen gebracht wird. Zusammengefasst: Überall bleibt Fritz Fabeyer nur wenige Monate auf einer Arbeitsstelle, und die Tätigkeiten des Jugendlichen wechseln sich ab mit den Aufenthalten im Erziehungsheim.

Am 16. Oktober 1942 wird der 18-Jährige zur Wehrmacht eingezogen. Nach sechs Tagen flieht er von der Truppe und hält sich in Gerden südlich von Melle bei seiner Verwandten Charlotte L. auf. Doch schon bald wird der Deserteur festgenommen. Ab November 1942 sitzt er in Hannover im Gefängnis. Am 23. März verurteilt ihn das Militärgericht der Heeres-Division 471 wegen Fahnenflucht zum Tod, denn Adolf Hitlers Weisung lautet: »Der Soldat kann sterben, der Deserteur muss sterben.«[30] Am 14. April 1943 wird er nach Wolfenbüttel verlegt, wo noch am selben Tag an ihm die Todesstrafe vollstreckt wird.

In eckigen, ungelenken Buchstaben schreibt der Jugendliche Fritz Fabeyer einen Abschiedsbrief aus dem Gefängnis:[31]

> *»Liebe Mutter! Da ich hier sitze und Dir den Brief schreibe, habe ich noch eine Stunde zu leben und bin dann mit Gott vereint. Es dränkt mich, Dir in dieser lezten Stunde zu sagen, wie gern ich Dich immer gehabt habe. Und ich weis welche Liebe Du für mich immer gehabt hast. Ich weis auch wie oft ich Dir Kummer gemacht habe. Ich weis wie schwer Du Dich hast plagen müssen, damit ich zu Leben hatte Für alles dieses danke ich Dir aus ganzen Herzen. Ich bitte Dich noch um eines nämlich das auch Du mir alles verzeihs. Sei nicht gar zu betrübt wen Du erfährst, das ich Tot bin. Sei überzeugt das ich sterbe in festen Glauben an Gott und daran, das wir uns wieder sehen werden, wen Du eines so guten Todes stirbst wie ich. Grüs bitte herzlich Bruno und Wilma von mir. Den besten Grus aber sende ich Dir liebe Mutter u. virges mich nicht.*
> *Dein Sohn Fritz. bete bitte für mich«*

Der katholische Strafanstaltspfarrer Heinrich Schlüter, der ihn schon aus Hannover kennt, betreut ihn in den letzten Stunden und lobt sein Auftreten: »Er hat eine reumütige und gute Lebensbeichte abgelegt, mit großer Andacht der hl. Messe beigewohnt und

Abb. 1: Ein Stolperstein an der Kornstraße in Osnabrück erinnert an Fritz Fabeyer.

die hl. Kommunion empfangen.« Danach formuliert Fritz Fabeyer den Abschiedsbrief, und kurz darauf wird der 19-Jährige hingerichtet – er stirbt unter dem Fallbeil. Er wird getötet, weil er desertiert hat. So mussten mindestens 15.000 Soldaten in Deutschland ihr Leben lassen.[32] »Seine religiöse und sonstige Haltung war bis zuletzt vorbildlich!«, schreibt der Gefängnisgeistliche einem Osnabrücker Mitbruder, den er bittet, den Abschiedsbrief der Mutter auszuhändigen.

Heute erinnert an den Deserteur Fritz Fabeyer ein Stolperstein vor dem Haus Kornstraße 50 im Osnabrücker Stadtteil Sonnenhügel (Abb. 1). Schüler der Osnabrücker Berufsfachschule Bautechnik haben ihn am 21. März 2012 verlegt.[33]

Es ist bereits der zweite unnatürliche Todesfall in der Familie, den der junge Bruno Fabeyer erleben muss.[34] Ein Jahr nach dem Tod seines Bruders, am 29. März 1944, wird er selbst zum Militär einberufen und fährt nach Magdeburg. Aber der 17-Jährige findet keinen Gefallen am Soldatenleben. In der ersten Nacht bricht der sogenannte »Heilige Geist« über ihn herein, das heißt: Er wird von Kameraden mit Schuhcreme eingerieben und verprügelt.[35] Fabeyer desertiert daher schon wenige Tage später und fährt in Zivilkleidung zu seiner Mutter nach Osnabrück.[36] Eine Streife der Wehrmacht spürt den Jugendlichen auf. An einem Seil will er aus dem Fenster der Wohnung im zweiten Stock fliehen, doch der Streifenführer schneidet das Seil ab. Fabeyer stürzt und bricht sich beide Fersenbeine.

Für etwa drei Monate kommt er ins Lazarett und wird seiner Einheit überstellt – aber schon nach wenigen Tagen entweicht er nochmals.[37] Dabei entwendet er die Dienstpistole eines Kameraden, der auf derselben Stube liegt. Die Waffe nimmt er angeblich mit, damit er sich töten kann, falls er wieder gefasst wird. Schon bald wird er in Osnabrück erneut festgenommen und nach Magdeburg zurückgebracht.

Das Gericht der Division 471, Zweigstelle Magdeburg, verurteilt ihn am 27. September 1944 wegen Fahnenflucht und unerlaubter Entfernung in je einem Fall und wegen militärischen Diebstahls zu viereinhalb Jahren Zuchthaus. Dass er im Unterschied zu seinem Bruder nicht zum Tod verurteilt wird, liegt vermutlich daran, dass er noch nicht vereidigt worden ist.[38] Acht Wochen bleibt Fabeyer im Gerichtsgefängnis Magdeburg, dann muss er für 18 Tage ins Konzentrationslager (KZ) Buchenwald bei Weimar, danach für vier Tage ins KZ Dora bei Nordhausen und anschließend offenbar bis Ende April 1945 in ein Außenlager des KZs in Sollstedt, um im Kalibergwerk zu arbeiten. Dann kommt er nach eigenen Angaben ins KZ Mauthausen in Österreich. Im April 1945 befreien US-Soldaten das KZ.[39] Möglicherweise ist Fabeyer russischen Militärs übergeben worden, einem bewachten Deportationstransport kurz vor Wien entflohen und Ende August nach Osnabrück zurückgekehrt.[40]

In der Nachkriegszeit beschließen die Strafkammer Osnabrück und der Strafsenat des Oberlandesgerichts in Oldenburg, Fabeyer die Strafe wegen Fahnenflucht und unerlaubter Entfernung zu erlassen und die Strafe wegen militärischen Diebstahls auf drei Monate Gefängnis zu reduzieren.[41]

Einbrüche in der Nachkriegszeit, Antrag auf Elternrente und DDR-Aufenthalt

Im Frühsommer 1945 kehrt Fabeyer in seine stark zerstörte Heimatstadt Osnabrück zurück, die nur noch eine Trümmerlandschaft ist.[42] In einer Zeit von Mangel und Not, in der Anarchie und illegaler Handel den Alltag bestimmen, zieht der junge Mann auf Betteltouren über Land, bewegt sich auf Schleichwegen und schlägt sich als Hamsterfahrer und Schwarzhändler durch. Das verschafft ihm Ortskenntnisse, die ihm später nützlich sein werden. Bis Anfang 1948 arbeitet er nach eigenen Angaben bei der Spielwarenfabrik »Kroki« (oder »Groki«) in Osnabrück, in einer sitzenden Tätigkeit wegen seiner Fersenverletzung.[43] Als die Firma in Konkurs gegangen sei, so berichtet er später, habe er seine Arbeit verloren. Nach einer anderen Version Fabeyers wird dem Chef der Fabrik eine Uhr gestohlen, er zu Unrecht verdächtigt, und weil er vier Tage nicht zur Arbeit kommt, fristlos entlassen.[44]

In dieser Zeit wohnt Bruno Fabeyer bei seiner Mutter, die im Frühjahr 1946 an Paratyphus erkrankt; dann stellt der Arzt bei ihr Lungentuberkulose fest. Andere Leiden kommen dazu, so dass sich Luise Fabeyer so schwach fühlt, dass sie nicht arbeiten kann.[45] Mutter und Sohn leben in der unmittelbaren Nachkriegszeit wie ein Großteil der Bevölkerung in schlichten Verhältnissen.

Bruno Fabeyers kriminelle Karriere beginnt. In der Nacht zum 14. Mai 1948 dringt der 21-Jährige in die Räucherkammer eines Landwirts in Wimmer bei Wittlage (östlich von Bad Essen) ein. Es ärgert ihn, dass der Mann ihn beim Anbieten von Tauschware vom Hof gejagt hat – daher kehrt er zurück. Zunächst überzeugt er sich, dass kein Licht mehr brennt. Mit einer Deichsel bricht er die sechs Eisengitterstäbe, die mit Holzschrauben am Fenster der Räucherkammer befestigt sind, aus der Halterung. Dann entkittet und entfernt er die Fensterscheiben und steigt ein. Den kompletten Inhalt der Räucherkammer nimmt er mit: 82 Kilogramm Fleisch- und Wurstwaren, davon zwei Schinken, 22 Kilogramm schwer, 60 Mettwürste mit einem Gewicht von 30 Kilogramm und ebenso schweren Speck im Gesamtwert von etwa 200 RM.[46]

Nur eine Wurst lässt er zurück. Das Diebesgut verpackt er in zwei mitgebrachte Säcke; einen davon vergräbt er an der Böschung des Mittellandkanals in einem etwa einen Kilometer entfernten Feld, er will ihn später abholen. Mit dem anderen Sack erwischt ihn eine Polizeistreife und nimmt ihn fest.

Schon zwei Wochen nach der Tat, am 29. Mai, verurteilt ihn das Amtsgericht Osnabrück wegen schweren Diebstahls zu vier Monaten Gefängnis, und am 3. August wird er aufgrund eines Wirtschaftsvergehens – Handel auf dem Schwarzmarkt – mit einer Geldstrafe von 60 DM belegt.[47] Er verbüßt die Haftstrafe bis zum 17. August 1948 und erhält für den Rest der Strafe eine Bewährungsfrist. Dennoch begeht der arbeitslose junge Mann am 14. Dezember »einen Einstiegsdiebstahl«, wie es in den Akten heißt. Mit dem Fahrrad auf Diebestour, nimmt er erneut Fleisch mit und will möglicherweise ein Schwein abschlachten.[48] Daher führt er ein langes Messer mit, dazu einen Sack, einen Strick und eine Taschenlampe.

In der Bauerschaft Warringhof westlich von Gesmold im Kreis Melle lässt er um Mitternacht sein Rad im Wald zurück.[49] Beim Landwirt Franz Klamer steigt er ein, nutzt ein halb geöffnetes Oberlichtfenster über einer Stalltür und entriegelt die Tür von innen. Aus der Räucherkammer nimmt er zwei Schinken mit 25 Kilo Gesamtgewicht und zwei Speckseiten an sich. Mit einem beim Bauern vorgefundenen Damenfahrrad fährt er die 600 Meter in den Wald und versteckt den Speck. Einen Schinken verbirgt er auf der Heimfahrt in einem alten Luftschutzbunker in Voxtrup. Beim Versuch, das Fleisch zu holen, wird Fabeyer am 17. Dezember 1948 festgenommen. Für den Einstiegsdiebstahl verurteilt ihn das Schöffengericht am Amtsgericht Osnabrück am 15. Februar 1949 zu zehn Monaten Gefängnis, eine Strafe, die er bis zum 16. Oktober 1949 in der Haftanstalt Lingen verbüßt.[50]

Seine Mutter hat nach Kriegsende dafür gesorgt, dass ihr Sohn Fritz auf dem Hasefriedhof in Osnabrück bestattet wird. Sie meldet sich nun beim Sonderausschuss für ehemalige politische Häftlinge der Stadt Osnabrück. Luise Fabeyer versucht, für den Tod ihres hingerichteten Kindes eine Elternrente zu bekommen, und führt politische Gründe an: Ihr Sohn sei ein Gegner des NS-Regimes gewesen. Mehrere Jahre zieht sich das Verfahren hin. Die Ausschussmitglieder können sich zunächst nicht einigen, »ob der Geschädigte aus politischen, weltanschaulichen, religiösen oder rassischen Gründen Schaden erlitten hat oder nicht«. Am 14. Mai 1949 lehnt das Gremium den Antrag aber ab mit der Begründung, der Tod sei nicht infolge nationalsozialistischer Gewaltmaßnahmen aus politischen Gründen eingetreten.

Luise Fabeyer legt Beschwerde ein, und so landet der Fall beim Niedersächsischen Beschwerdeausschuss für Sonderhilfssachen, der am 12. Oktober 1949 in ihrem Beisein in Oldenburg tagt. Ergebnis: Es bestehen Zweifel, ob politische Gründe vorlagen. Alle Bemühungen der Mutter sind vergeblich, denn einen Wiederaufnahmeantrag lehnt der Kreissonderhilfsausschuss Osnabrück-Stadt am 11. Juli 1950 ab. In der Begründung heißt es:

> *»Aus den hinzugezogenen Akten des Jugendamtes ergibt sich, daß es sich bei dem verstorbenen Sohn der Antragstellerin um einen haltlosen Jungen gehandelt hat, der fast aus jeder Arbeitsstelle nach kurzer Zeit entwichen ist und sich arbeitsscheu umhergetrieben hat. Unter diesen Umständen kann der Beweis, daß er als Überzeugungstäter bei der Wehrmacht seinen Tod gefunden hat, nicht erbracht werden, vielmehr entsprach seine Fahnenflucht seinem in dieser Beziehung haltlosen Charakter.«*

Luise Fabeyer legt Widerspruch beim Niedersächsischen Beschwerdeausschuss für Sonderhilfssachen in Oldenburg ein, doch der lehnt am 9. März 1951 den Antrag endgültig ab. Zur Begründung wird die Vorgeschichte aufgeführt mit der Fürsorgeerziehung ihres Sohnes Fritz in Erziehungsheimen, mit seinem Aufenthalt bei einem Schausteller und seiner Entfernung von der Truppe. »Aus dieser Übersicht ergibt sich, dass der Sohn der Antragstellerin ein haltloser Mensch war, der sich nicht fügen wollte«, heißt es abschließend. »Es war daher verständlich, dass er sich alsbald der strengen Einordnung der Truppe entzog.«[51]

Bruno Fabeyer wird vom Niedersächsischen Beschwerdeausschuss als »ebenfalls verwahrloster Bruder« eingestuft. Einer geregelten Arbeit geht er offenbar nach seiner Haft in Lingen nicht mehr nach. Arbeitsangebote schlägt er aus oder gibt die Stelle binnen kurzer Zeit auf, weil ihm die Bezahlung zu gering erscheint.

Fabeyer wird erneut zum Rückfalltäter. Von Mai bis August 1951 führt er in Icker und Rulle, in Osnabrück-Haste und andernorts im Norden der Stadt zahlreiche neue Diebstähle aus oder versucht es. Meistens bricht er in Wohnungen und Geschäfte ein, 17 Fälle weisen ihm die Ermittler nach. Zum Beispiel den Einbruch in der Nacht zum 21. Juli beim Schuhmachermeister Josef Siebenbürgen, der in einer Streusiedlung an der Vehrter Landstraße 118 wohnt. Dafür beschafft sich Fabeyer einen Sägebock vom Nachbargrundstück, stellt ihn unter das Küchenfenster und steigt »unter Ausnutzung des offenen Oberlichtfensters« in die Küche ein. Dort entwendet er aus einem offenen Schrank eine Lederbriefmappe mit 131 DM Bargeld, ein braunes Damen-Portemonnaie und eine Damen-Armbanduhr. So, wie er eingestiegen ist, verlässt er den Raum auch wieder.[52]

Zweimal führt er einen Einbruch zusammen mit einem anderen Täter aus, dem zwei Jahre jüngeren Hans B., nach dessen Festnahme macht er allein weiter. Fabeyer erbeutet Lebens- und Genussmittel, Tabakwaren, Schmuck und Bargeld. Um das Diebesgut aufzubewahren, richtet er sich in Hollage am Stichkanal ein Versteck im Wald ein.[53]

Fabeyer betätigt sich Anfang der 1950er Jahre als Fußballer im Osnabrücker »Verein für Sport und Körperpflege«, kurz VSK. In der ersten Mannschaft, die in der ersten Kreisklasse spielt, steht er im Tor.[54] »Bruno Fabeyers Paraden retteten den Verein damals vor mancher Niederlage, er wurde allgemein als talentiert bezeichnet und eine Zeitlang sogar mit dem VfL Osnabrück in Verbindung gebracht«, berichtet die »Freie Presse« 16 Jahre später und veröffentlicht ein Mannschaftsbild, aufgenommen auf dem Sportplatz an der Schellenbergbrücke zwischen den Stadtteilen Schinkel und Fledder.[55] »Seine Mannschaftskameraden erklärten, daß Fabeyer schon damals ein typischer Einzelgänger gewesen sei, allerdings sei er nicht unkameradschaftlich gewesen.« Nie habe er seine Mitspieler bestohlen. Doch am 3. August 1951 endet seine Torwart-Karriere beim VSK Osnabrück abrupt, wie die »Freie Presse« weiter schreibt: Wegen schweren Diebstahls wird der Hobbyfußballer an diesem Tag festgenommen, und zwar in einem Waldstück des Limbergs an der Vehrter Landstraße im Osnabrücker Norden.[56] Wohl zum ersten Mal wird Fabeyer, hier noch als Bruno F. bezeichnet, wegen seiner Diebstähle in einem Zeitungsartikel erwähnt.

Am 25. April 1952 verurteilt die Strafkammer des Landgerichts Osnabrück Fabeyer wegen schweren, teilweise gemeinschaftlichen Diebstahls im Rückfall zu drei Jahren Zuchthaus und fünf Jahren Verlust der bürgerlichen Ehrenrechte.[57] Die Urteilsbegründung enthält eine psychologische Einschätzung des 25-Jährigen: »Der Angeklagte Fabeyer verfügt über keine hohe Intelligenz, obwohl seine Verteidigung in der Hauptverhandlung nicht ungeschickt war. Es liegt bei ihm ein leichter Schwachsinn sowie eine gewisse Psychopathie vor, die Fehlleistungen des Angeklagten bedingt.« Und das Gericht sagt voraus, er werde wegen seiner »Hemmungslosigkeit« voraussichtlich »doch immer wieder straffällig werden«.[58]

Die Zuchthausstrafe verbüßt er vom 3. Oktober 1952 bis zum 20. Oktober 1954 in der Strafanstalt Lingen.[59] Deren Vorstand nennt 1953 als Eigenschaften des jungen Mannes, er sei »frech, ungezügelt und jähzornig«.[60] In dem Gutachten heißt es weiter:

»Nachdem er dieserhalb wiederholt zur Verantwortung gezogen worden ist, hat sich seine Führung in den letzten sechs Monaten erheblich gebessert, so daß

keinerlei Klagen über ihn vorliegen. Da er sich anscheinend erzieherisch beeinflussen läßt, besteht die Möglichkeit, falls er sich einem geeigneten Bewährungshelfer bei einer bedingten Strafaussetzung unterstellen läßt, daß Fabeyer in geordnete Verhältnisse zurückgeführt werden kann.«[61]

Doch geordnete Verhältnisse hat es in seinem Leben nie gegeben. Zwei Tage nach seiner Entlassung, am 22. Oktober 1954, wird er als Bauhilfsarbeiter in die Firma Middelberg in Osnabrück vermittelt, ist aber nur bis zum 12. November tätig. Dann muss er gehen, denn der Vorgesetzte hält ihn für ungeeignet, die verlangte Arbeit auszuführen. Fabeyer sagt dazu, er sei entlassen worden, da er sich gegen »Antreiberei« bei schweren Erdarbeiten durch einen Polier habe beschweren wollen.

Nur einen Tag, am 20. November, arbeitet er in den Osnabrücker Steinbruchbetrieben. Dann hört er schon wieder auf, mit der Begründung, überall sei er gehänselt worden und daher mit den Nerven vollkommen fertig gewesen. Nur drei Tage, vom 14. bis 16. Dezember, hält er es bei der Osnabrücker Firma Anders aus, wo er Notstandsarbeiten verrichtet. Dann wird er wegen Krankheit auf eigenen Wunsch entlassen und bezieht Krankengeld.[62]

Jetzt beginnt er, erst wenige Wochen wieder auf freiem Fuß, mit neuen Straftaten. Als Grund nennt Fabeyer, er habe eben gestohlen, weil ihn die anderen nicht wollten, und er habe sich »nun auch nicht mehr um Menschen gekümmert«.[63] Und zum Weihnachtsfest 1954 habe er seiner Mutter etwas vorweisen wollen. Ihr spiegelt er vor, noch immer in fester, regelmäßig bezahlter Arbeit zu sein. Tatsächlich ist er arbeitslos – und ein straffälliger Außenseiter ohne Unrechtsbewusstsein.

Vom 23. Dezember 1954 bis 4. November 1955, so notiert der Oberstaatsanwalt, »hat er im Raume Osnabrück – Melle – Damme ganze Serien von schweren Diebstählen bezw. Diebstahlsversuchen ausgeführt«. 34 durchgeführte und elf versuchte schwere Diebstähle sind aufgelistet,[64] und im Einzelnen heißt das zum Beispiel: Einen Tag vor Heiligabend zertrümmert Bruno Fabeyer im Haus einer Witwe in Nemden östlich von Bissendorf die Scheibe des Küchenfensters, entriegelt das Fenster und steigt ein. Aus dem Schlafzimmer nimmt er aus dem Nachtschrank eine Brieftasche und zwei Geldbörsen mit.

In derselben Nacht dringt er wenige Häuser weiter in das Schlafzimmer eines Forstarbeiters ein und entwendet 780 DM Bargeld. An der Lerchenstraße in Osnabrück stiehlt er einem Kaufmann einen goldenen Herrenring und eine Geldbörse.[65] Zwei Paar

Schuhe eignet er sich an, einen Rasierapparat oder, wie in Ohrbeck, ein Stück Speck, ein Brot und eine grüne Mütze. Öfters nimmt der Dieb Fahrräder mit, manchmal Herrenräder, aber lieber noch Damenräder, die wegen des fehlenden Oberrohrs den Vorteil haben, dass er schneller abspringen kann.[66]

Zu seinen Tatorten zählen neben dem Osnabrücker Stadtgebiet Dörfer im Umland wie Schleptrup und Ohrbeck, vorwiegend aber Bauerschaften, darunter Ausbergen (zwischen Borgloh und Melle), Schlochtern (südlich von Melle), Handarpe (bei Wellingholzhausen) sowie Kemphausen, Borringhausen und Reselage in der Nähe von Damme. Es sind die Namen kleiner Ortschaften, die selbst den meisten Osnabrückern unbekannt sind, und die sie heute nur über Google Maps oder Landkarten finden.

Typisch für Fabeyers Vorgehensweise ist, dass er ein Fenster einschlägt, eine Tür aufbricht oder einen Dietrich benutzt. Es sind die seit Jahren immergleichen Methoden, es handelt sich, wie die Kriminalisten formulieren, um seine »perseverante Arbeitsweise«, seinen »modus operandi«. Mal nimmt Fabeyer einen halben Kuchen mit, mal Schmucksachen, mal Zigaretten, Schokolade und ein Paket Kekse, eine Wurst oder eine Dose Fischkonserven und ein Damenrad. Das erinnert an die Geschichten von Räuber Hotzenplotz. Doch so harmlos sind die Einbrüche bald nicht mehr, denn spätestens seit dem 22. August 1955 führt Fabeyer eine Pistole mit sich: eine Walther PPK, Kaliber 7,65mm. Die Waffe hat er aus dem Geschäft des Büchsenmachermeisters Scheinert in der Herrenteichstraße 23 in Osnabrück gestohlen, wo er mit einem Stein die Schaufensterscheibe eingeschlagen und die Pistole mit 75 Schuss Munition mitgenommen hat.[67]

Gearbeitet hat Fabeyer nach seinem Gefängnisaufenthalt 1954 zwar auch, jedoch stets nur kurz. Ausdauer besitzt er offenbar nicht: Zwei Wochen ist er in einem Baugeschäft tätig, schon wird er entlassen, da er für die Arbeit nicht als geeignet erscheint. Vier Tage bleibt er arbeitslos, dann arbeitet er einen Tag. Erneut folgen vier Wochen Arbeitslosigkeit. Das Arbeitsamt vermittelt den Gelegenheitsarbeiter an eine Tiefbaufirma, und die wirft ihn auf eigenen Wunsch nach zwei Tagen wieder raus. Vier Wochen ist Fabeyer krank und acht Wochen arbeitslos. Dann folgt am 18. März 1955 eine erneute Vermittlung in das Baugeschäft Nietmann in Osnabrück, doch diese Tätigkeit tritt Fabeyer erst gar nicht an – mit der Begründung, der Stundenlohn von 1,08 DM sei zu gering.[68] Am 18. April meldet er sich erneut arbeitslos. Er ist kaum motiviert, eine geregelte Beschäftigung anzunehmen, und es liegt nicht an einem fehlenden Angebot: In dieser Zeit weist die Bundesrepublik das höchste Wirtschaftswachstum ihrer Geschichte auf, so dass selbst für Ungelernte genügend Stellen bereitstehen.[69]

Vom 31. Mai an ist er bei der Osnabrücker Firma Willi Hackmann & Sohn als Bauhilfsarbeiter tätig und wird nach nicht einmal zwei Wochen am 11. Juni entlassen, dann ist er arbeitslos. Erneut wird ihm eine Arbeit zugewiesen, am 8. Juli bei der Firma Böhmer & Sudow in Osnabrück, aber die nimmt er nicht auf, weil Fabeyer den Lohn für zu niedrig hält.[70] Eine Woche später versucht es das Arbeitsamt nochmals und weist ihn in einen holzverarbeitenden Betrieb. Auch diese Arbeit beginnt er gar nicht erst, daher wird ihm die Arbeitslosenunterstützung gestrichen. Einbrüche sind für ihn offenbar die bequeme Alternative zum Korsett der Arbeitswelt mit ihren Verpflichtungen zu frühem Aufstehen und zur Unterordnung im Betrieb.

Das Arbeitsamt stellt schließlich die Bemühungen um die Vermittlung einer Stelle ein. Im August 1955 sucht sich Fabeyer selbst Beschäftigung beim Malermeister Ahlemeyer in Osnabrück, bleibt aber nur einen einzigen Tag, weil die Arbeit angeblich zu gefährlich ist.[71] Die Kriminalpolizei wird in diesem Monat auf Fabeyer aufmerksam und ermittelt. Vergeblich versucht sie, den Einbrecher bei einer Diebstour auf frischer Tat zu stellen. Am 24. August, zwei Tage nach dem Einbruch in das Osnabrücker Waffengeschäft Scheinert, suchen Beamte frühmorgens um 6.30 Uhr die Wohnung Fabeyers auf, treffen aber allein Brunos Mutter an.[72] Über den Aufenthalt ihres Sohnes macht sie keine Angaben, sondern sagt nur, er sei nachts mehrfach nicht nach Hause gekommen. Die Kripo vermutet, dass Luise Fabeyer ihren Sohn deckt. Der ist inzwischen untergetaucht.

Da er als »ständige Gefahrenquelle für die öffentliche Sicherheit« gilt, ist er seit Januar 1955 verpflichtet, sich jede Woche bei der zuständigen Kriminalpolizeidienststelle zu melden. Er muss sich um eine Arbeitsstelle bemühen, darf den Wohnsitz nicht ohne vorherige polizeiliche Erlaubnis verlassen und sich nachts, das heißt von 22 bis 6 Uhr, nicht außerhalb der Wohnung aufhalten.[73] Doch seiner Meldepflicht kommt er nicht nach.

Im Oktober 1955 geht ein Schreiben an alle Polizeidienststellen im Regierungsbezirk Osnabrück, die einen Fernschreiber besitzen. Fabeyer wird demnach verdächtigt, Täter von Serieneinbrüchen in Gastwirtschaften und Bauernhäusern im Kreis Bersenbrück zu sein.

Am 4. November 1955 erbeutet Fabeyer bei einem Einbruch in Jeggen Gegenstände im Wert von rund 2000 DM, und weil er nicht gefasst werden will, verlässt er einen Tag später Osnabrück in Richtung Osten. Seine Mutter hat ihm eine Aufenthaltsgenehmigung für die DDR besorgt. Zunächst fährt er nach Braunschweig, wo er am 9. November in einem Pfandleihhaus eine gestohlene goldene Herrentaschenuhr zu Geld macht.[74]

Abb. 2: Im rechten Haus an der Otto-von-Guericke-Straße 42 wohnte Fabeyer während seiner Zeit in Magdeburg.

Zwei Tage später setzt er sich in die DDR ab und wechselt über die Grenze bei Oebisfelde. Die Scheine und Münzen, die er mit sich führt, nimmt man ihm vollständig ab.[75] Fabeyer fährt nach Magdeburg und sucht einen Bekannten auf: den Vertreter Alfred D., einen steckbrieflich gesuchten Betrüger, der in der Otto-von-Guericke-Straße 42 im Zentrum der Stadt wohnt (Abb. 2).[76] D. hatte zuvor in Ostercappeln ein Eigenheim errichtet und war wiederholt straffällig geworden.

Erneut klingelt die Kripo am 28. November bei Luise Fabeyer, durchsucht ihre Wohnung – und wird nun fündig: Unter dem Bett versteckt, entdecken die Polizisten in einer Hülle Briefe und Zeitungsausschnitte von Einbrüchen.[77] Demnach hat Bruno Fabeyer schon bald nach seiner Ankunft in der DDR einen für seine Mutter bestimmten Eilbrief an ein »Fräulein Hannelore« geschickt, aber keine Antwort erhalten. Daher schreibt er noch einen zweiten Brief an seine Mutter und drängt sie, ihm 200 DM Ost zu schicken. Er sei völlig mittellos. Auch brauche er ein neues Hemd zum Wechseln.

Aufgrund der Angaben in einem Brief findet die Polizei heraus, dass Fabeyer in Verbindung zu einer Hannelore K. steht, die in einer Baracke in der Kokschen Straße 60 im Osnabrücker Stadtteil Wüste wohnt. Noch am Abend wird ihre Wohnung durchsucht und ein Koffer gefunden. Bei dem Inhalt stellt sich heraus, dass es sich um Diebesgut handelt, erbeutet Ende Oktober bei einem Einbruch bei einem Gastwirt in Thiene bei Ankum. Und dass K. die Lebensgefährtin von Willi O. ist, den Fabeyer im Gefängnis kennengelernt hat.

Am 30. November 1955 erlässt das Amtsgericht Osnabrück Haftbefehl gegen Fabeyer. Nun wird er steckbrieflich gesucht. Das Gericht ordnet am 1. Dezember an, alle Postsendungen aus der »Ostzone« zu beschlagnahmen, die an Angehörige der Familie S. in der Kornstraße 49, Fabeyer in der Kornstraße 50 und an Hannelore K. gerichtet sind, und zwar, weil zu erwarten sei, dass diese Sendungen »vom Beschuldigten herrühren und daß ihr Inhalt für die Untersuchung Bedeutung hat«.[78]

Am 3. Dezember verschickt die Staatsanwaltschaft Osnabrück ein Schreiben an den Bezirksstaatsanwalt in Magdeburg mit dem Hinweis, dass Fabeyer und D. steckbrieflich gesucht werden. Auch auf die Arbeitsweise bei den Einbrüchen macht sie aufmerksam: Mit einem Schraubenzieher oder einem Messer entkittet Fabeyer Fensterscheiben, so dass ein Teil der Scheibe herausbricht. Dann lässt sich das Fenster von innen öffnen. Fingerabdrücke hinterlässt er nicht, die Beute versteckt er außerhalb seiner Wohnung. Diese Anmerkung versieht die Osnabrücker Staatsanwaltschaft mit dem Hinweis, dass Fabeyer mittellos ist und im Bezirk Magdeburg seit Ende November 1955 schwere Diebstähle mit gleicher Arbeitsweise begangen haben könnte. Diese Vermutung soll die Bezirksstaatsanwaltschaft zum Handeln motivieren.

Zugleich nehmen die Beamten an, Fabeyer und D. könnten unter falschen Personalien als politische Flüchtlinge wieder in den Westen zurückkommen. Daher informieren sie ebenso das Kriminalkommissariat in Gießen und die Landeskriminalpolizei, Nebenstelle Uelzen. Zusätzlich schicken sie Fotos der beiden Männer an die Flüchtlingsdurchgangslager in der Bundesrepublik einschließlich Westberlin.[79]

Über Weihnachten bekommt Fabeyer in Magdeburg Besuch von seiner Mutter, die ihn, wie die Osnabrücker Kripo annimmt, über die laufenden Ermittlungen informiert. Der Gesuchte will nicht auffallen und eine Auslieferung vermeiden. Um an Geld zu kommen, nimmt er eine Arbeit auf und verdient etwa 400 DM im Monat. Doch diese Phase dauert nicht lange, denn am 26. März 1956 nimmt die Volkspolizei Fabeyer in Magdeburg fest.[80] Grund dafür ist der Haftbefehl des Amtsgerichts Osnabrück. Die Polizisten stecken ihn nach dem Verhör ins Gefängnis Magdeburg-Neustadt. Dort sitzt er bis zum 21. Juni und wird dann um 15 Uhr am Grenzübergang Marienborn/Helmstedt den Beamten der Kriminalpolizei Osnabrück übergeben. Sie bringen ihn in seine Heimatstadt, wo er in U-Haft ins Landgerichtsgefängnis am Neumarkt kommt.[81] Einen Tag später wird er vernommen und ist im Wesentlichen geständig.[82]

Die Justiz hält den mehrfach vorbestraften jungen Mann für einen »gefährlichen Gewohnheitsverbrecher«, der sich »in hemmungsloser Weise« an fremdem Eigentum vergangen hat. Fabeyers Strafverteidiger, der Osnabrücker Anwalt Dr. Kannegießer, beantragt die Untersuchung des Angeklagten auf seinen Geisteszustand.[83] Dem folgt am 17. November 1956 das Landgericht Osnabrück und beauftragt damit Obermedizinalrat Dr. Bernhard Winninghoff vom Landeskrankenhaus Osnabrück. Sein Ergebnis weicht erheblich von dem Gutachten ab, das im Urteil von 1952 erwähnt ist. Fabeyer leidet, wie der Mediziner in den Akten vermerkt, »weder an Geisteskrankheiten noch an Psychosen«. Und einen Hirnschaden habe er ebensowenig.[84] Denkvermögen, Kombinationsfähigkeit und Urteilsvermögen seien ausreichend entwickelt. Fabeyer sei jederzeit örtlich, zeitlich und persönlich gut orientiert. Und weiter heißt es in dem Gutachten:

> *»Der Angeklagte wird in seiner Persönlichkeit aber durch psychopathische Züge geprägt: Er ist haltlos, willensschwach, leicht zu beeinflussen und zu verführen; kann äußeren Einflüssen keinen rechten Widerstand entgegensetzen und weicht auf Grund dieser Persönlichkeitsstruktur trotz gelegentlicher, ehrlicher Besserungsvorsätze den Schwierigkeiten des Lebens auch nach der kriminellen Seite hin aus. Er zeigt sich dann unbekümmert um fremde Rechte und tut, was ihm nützlich erscheint. So strauchelt er, wie jetzt und schon früher, schließlich von Straftat zu Straftat.«*[85]

Winninghoff kommt zu dem Schluss, dass der Täter als voll verantwortlich anzusehen sei. Die Große Strafkammer I verurteilt Fabeyer am 18. Februar 1957 wegen schweren Diebstahls im Rückfall in 34 Fällen und versuchten schweren Rückfalls in elf Fällen zu einer Gesamtstrafe von sechs Jahren Zuchthaus, und die Richter stellen fest, alle neuerlichen Taten habe er »als gefährlicher Gewohnheitsverbrecher begangen«. Im Urteil heißt es: »Er besitzt einen inneren Hang zum Verbrechen, der auf seiner Willensschwäche und Haltlosigkeit beruht, so daß er Anreizen zum Verbrechen nicht widerstehen kann«.[86] Die Strafkammer ordnet zusätzlich zur Freiheitsstrafe Sicherungsverwahrung an – eine Maßregel zum Schutz der Allgemeinheit vor einem gefährlichen Täter.[87] Fabeyers Sozialprognose ist negativ: Es sei zu befürchten, dass er auch in Zukunft Strafta-

Abb. 3: Das Grab von Friedrich (Fritz) und Luise Fabeyer auf dem Hasefriedhof in Osnabrück.

ten von erheblichem Gewicht begehen werde. Vergleicht man die Urteile in den 1950er Jahren, so hat sich das Strafmaß bei Fabeyer kontinuierlich gesteigert.

Sein Anwalt Dr. Kannegießer legt Revision ein mit der Begründung, der Einfluss des Sprachfehlers auf die Motivation und die Hänseleien durch seine Arbeitskameraden habe das Gericht nicht strafmildernd berücksichtigt. Am 28. Mai 1957 verwirft der 5. Strafsenat des Bundesgerichtshofs (BGH) die Revision einstimmig und nennt sie offensichtlich unbegründet. Am 3. Juni wird das Urteil rechtskräftig.[88]

Während er im Gefängnis sitzt, stirbt seine Mutter am 12. April 1962 an Knochentuberkulose.[89] Sie ist bis dahin der einzige Mensch gewesen, der ihm noch etwas bedeutet und der stets für ihn dagewesen ist, was auch immer vorgefallen sein mag.[90] Fabeyer beantragt eine kurzfristige Beurlaubung, damit er an der Beerdigung teilnehmen kann – doch das wird ihm verwehrt. »Was in ihm daraufhin vor sich ging, kann man nur ahnen«, so der »Rheinische Merkur«. Fünfeinhalb Jahre später, vor Gericht, steht der nackte Hass in seinem Gesicht, ein Hass gegenüber der Gesellschaft, die ihm nicht gestattet hat, seine Mutter auf ihrem letzten Gang zu begleiten. Beigesetzt wird Luise Fabeyer auf dem Hasefriedhof, ganz in der Nähe der Kornstraße. Der Grabstein trägt neben ihrem Namen zusätzlich den ihres Sohnes Friedrich (Fritz), denn – wie berichtet – hat sie in der Nachkriegszeit dafür gesorgt, dass der Leichnam nach Osnabrück überführt worden ist (Abb. 3).

Die sechsjährige Zuchthausstrafe verbüßt Fabeyer bis zum 1. Juli 1962 in der Straf- und Sicherungsanstalt Celle, am Tag danach kommt er dort in Sicherungsverwahrung. 14 Tage später beantragt er erstmals, bedingt aus der Sicherungsverwahrung entlassen zu werden. Fabeyer beteuert, dass er in Zukunft nicht mehr straffällig wird und ihn all das Unrecht, das er begangen hat, zutiefst erschüttert. Heute ekele ihn dieses Leben an.[91]

Die Justiz lässt sich von diesen Behauptungen nicht beeindrucken und lehnt das Gesuch ebenso ab wie zwei weitere im Jahr 1963 und am 25. Februar 1964. Gegen diesen ablehnenden Beschluss legt Fabeyer sofortige Beschwerde ein, aber das Oberlandesgericht Oldenburg weist die Beschwerde einen Monat später zurück.[92] Doch Fabeyer bleibt hartnäckig. Seit dem 21. September 1964 lebt er im gelockerten Vollzug der Sicherungsverwahrung auf dem Anstaltsgut Salinenmoor, 15 Kilometer von der JVA Celle entfernt – ein erster Schritt in Richtung Freiheit. Am 3. Mai 1965 bringt er nochmals ein handschriftliches Gesuch um bedingte Entlassung ein und schreibt:

»Nach nunmehr 9 Jahren Strafzeit bin ich zu der Einsicht gekommen, daß man in der Freiheit nur auf erliche (sic!) Weise sein Leben durchführen kann. Diese Jahre waren mir Lehre und Läuterung. Diese Erkenntnis reicht mir für mein weiteres Leben. Ich werde in Zukunft mich bemühen ein ordentliches Leben zu führen um mich in der Menschlichen Gesellschaft zu bewähren und damit ein brauchbares Mitglied zu werden. … Sie dürfen versichert sein, daß ich mich in Zukunft tadellos führen werde.«[93]

Nun endlich stimmt der Anstaltsvorstand zu und formuliert eine positive Prognose. Wilhelm Stärk erwähnt in einer Stellungnahme vom 8. Juni, dass Fabeyer auf dem Anstaltsgut Salinenmoor wohnt und in der Landwirtschaft arbeitet. Weiter heißt es:

»Dort hat er sich sehr bewährt. Er wird von allen Beamten gut beurteilt. Die Hausordnung beachtet er, ordnet sich ein, ist bescheiden und trägt selten Wün-

sche vor. Seine Arbeitsleistungen sind überdurchschnittlich gut; er ist ausdauernd zuverlässig und fleißig. Fabeyer hat mit der verbüßten Zuchthausstrafe und der bisher verbüßten Sicherungsverwahrung einen Freiheitsentzug von über 9 Jahren hinter sich. Er steht nunmehr im 39. Lebensjahr. Es darf – so glaube ich – jetzt erwartet werden, daß dieser langandauernde Freiheitsentzug mehr als die früheren kurzen Strafverbüßungen auf den Untergebrachten eingewirkt hat. Ich hatte in letzter Zeit mehrfach Gelegenheit, mit Fabeyer zu sprechen. Dabei gewann ich den Eindruck, daß er reifer und vernünftiger geworden ist und wirklich den ernsten Willen zur Umkehr hat. Ich möchte auch meinen, daß der drohende Widerruf der Sicherungsverwahrung in ihm die nötigen Hemmungen vor Begehung neuer Straftaten setzen wird.«[94]

Bruno Fabeyer schießt auf den Postbeamten Alois Broxtermann

Die Strafkammer IV des Landgerichts Osnabrück stimmt dem dritten Gesuch um Entlassung aufgrund der positiven Beurteilung des Gefängnisvorstehers endlich zu und beschließt am 12. Juli 1965, Fabeyer vorbehaltlich weiterer guter Führung aus der Sicherungsverwahrung zu entlassen. Der Anstaltsvorstand teilt der Staatsanwaltschaft mit, Fabeyer wolle in seiner Heimat Osnabrück im Baugewerbe arbeiten. Das Arbeitsamt erklärt, dass ihm dort eine Stelle vermittelt werden kann. Fabeyer gibt an, er könne bei seiner Tante Charlotte R. im Osnabrücker Stadtteil Schinkel unterkommen, weil in ihrer Wohnung ein Zimmer für ihn zur Verfügung stehe.[95]

Soweit klingt für die Justizbehörden alles plausibel, und so wird der Häftling am 1. August termingerecht entlassen.[96] Noch am selben Tag taucht er bei seiner Tante auf, die erstaunt ist von dem plötzlichen Besuch, denn jahrelang hat sie nichts von ihrem Neffen gehört. Als Fabeyer ihr seine Bitte vorträgt, ist sie damit einverstanden, dass er vorübergehend bei ihr wohnt. Allerdings verlangt sie, dass er sich bald eine andere Schlafstelle sucht. Ob und, wenn ja, welche genauen beruflichen Pläne ihr Neffe nach seiner Haft hat, lässt sich den Akten nicht entnehmen. Am selben Tag sucht er seinen Onkel Franz L. in der Atterstraße auf, wo die Gegenstände aus dem Nachlass seiner verstorbenen Mutter lagern. Doch sein Onkel ist nicht bereit, ihn in seiner Wohnung aufzunehmen.[97]

Zwei Tage später erscheint Fabeyer auf der Geschäftsstelle des Landgerichts in Osnabrück. Er sagt, ihm sei an diesem Tag eine Stelle als Hilfsarbeiter bei der Straßenbau-Firma Josef Oevermann an der Elbestraße 16 vermittelt worden, am Tag danach könne er dort anfangen. Diesen Anfang macht Fabeyer zwar, aber es ist nicht nur sein erster Tag bei der Baufirma, sondern zugleich sein letzter.[98]

Zwar weiß er zunächst nicht, welchen Osnabrücker Bewährungshelfer er kontaktieren muss, doch dann teilt ihm der Richter mit, er habe sich bei Paul T. in Voxtrup zu melden.[99] Später stellt sich heraus, dass dieser nicht zuständig ist; Fabeyer hat ihn auch nicht kontaktiert. Ein anderer Bewährungshelfer wird bestellt, doch bei dem meldet er sich ebenfalls nicht.

Eine Nacht verbringt er bei seiner Tante, dann wechselt Fabeyer zu deren Tochter Erika R. und wohnt fünf Tage bei seiner Cousine. »Von da ab war der Angeschuldigte für die Behörden nicht mehr erreichbar«, heißt es in den Akten.[100] Spurlos bleibt er verschwunden. Die Straf- und Sicherungsanstalt Celle informiert die Landeskriminalpolizei in Lüneburg und Osnabrück, doch in Osnabrück kommt diese Meldung vom 1. September zumindest nach Angaben der Kripo nicht an, irgendwo auf dem Weg geht sie verloren.[101]

Wo hält sich Fabeyer jetzt auf? Der Polizei erzählt er zwei Jahre danach in einer Vernehmung, er habe sich am 6. August in die sowjetisch besetzte Zone begeben, also in die DDR, nach Magdeburg, sei dort aber wenige Tage später wieder abgeschoben worden.[102] In der Nacht zum 14. August 1965 verübt er einen Einbruch in Grambergen, einer Bauerschaft bei Schledehausen – und damit beginnt eine anderthalbjährige Serie von hunderten von Straftaten, insbesondere schweren Diebstählen. Doch das erfährt die Polizei erst viel später.

Fabeyer lebt von nun an von dem, was er erbeutet. Ein festes Zuhause hat er nicht. Rund um Osnabrück richtet er in den dichten Wäldern des Wiehengebirges geschickt getarnte Lager und Lagerstätten ein, wo er sein Diebesgut versteckt. Von hier aus startet er nachts seine Einbruchstouren. Die Depots stattet er mit Lebensmitteln aus und steuert sie von Zeit zu Zeit an – das sagt er selbst in seiner Vernehmung.[103] Er verpflegt sich mit den Nahrungsmitteln, die er erbeutet oder mit gestohlenem Geld erwirbt.

Jeden Tag holt er sich Zeitungen wie das »Osnabrücker Tageblatt«, um den Zeitpunkt nicht zu verpassen, an dem ihn die Polizei sucht. Vorsichtshalber lässt er sich für einige Wochen einen Bart wachsen. Anfangs schläft er unter freiem Himmel im Wald, bei Regenwetter besorgt er sich Zeltplanen oder Plastikhüllen. Auch in Feldscheunen übernachtet er, unter anderem bis kurz vor Weihnachten im Ruller Bruch und dann in der Gegend von Drantum bei Melle.[104] Bei einem der ersten Einbrüche nimmt der Serientäter ein Transistorradio mit, und oft hört er den Wetterbericht und wohl auch den Polizeifunk.[105] Direkt nach einem Diebstahl fährt er mit dem Fahrrad 50 bis 70 Kilometer weiter, bleibt aber im Wiehengebirge.

Im September kauft er sich in der Osnabrücker Waffenhandlung Restemeyer an der Hasestraße ein halbautomatisches Kleinkalibergewehr. Es handelt sich um ein Exemplar der Marke »Voere«, Kaliber .22[106] lang Nr. 28663, mit einem Magazin und Munition – eine Waffe, die er am Lauf und Schaft so verkürzt, dass er sie als Faustfeuerwaffe verwenden kann.[107] So kann er das Gewehr mit einem selbstgefertigten Schulterhalfter tragen, verborgen unter der linken Achselhöhle, entweder unter oder in seiner Kleidung – ohne dass es sofort auffällt, wenn er damit unterwegs ist. Das Gewehr nimmt

Fabeyer, der sich selbst als Waffenliebhaber bezeichnet, bei allen Straftaten mit, die er bis Anfang Januar 1966 begeht.[108] So und mit einem Jagdmesser bewaffnet, erlegt Fabeyer Wild, das er sich im Wald brät und dessen Felle er für seine Lagerstätten nutzt. Um die Treffsicherheit zu steigern und sich an die Waffe zu gewöhnen, betreibt er im Wald Schießübungen.[109]

Aber im Sommer und im Herbst 1965 ahnt die Kripo in Osnabrück von all dem noch nichts. Im November erhält die Landeskriminalpolizeistelle (LKP-Stelle) Osnabrück die Meldung über eine Einbruchsserie rund um Engter, ein Dorf im Wiehengebirge, das heute als Stadtteil zu Bramsche gehört.[110] Mit einem Dietrich steigt ein Täter in Häuser ein und entwendet Bargeld, Tabak und Lebensmittel. Die Polizei nimmt die Meldung entgegen, aber keine Ermittlungen auf – die Beute ist einfach zu gering. Zuständig für die Bagatellsache bleibt die Schutzpolizei Engter. Erst später stellt sich heraus, dass Fabeyer die Taten begangen hat.

Selbst im kalten Winter 1965/66 lebt er im Freien und achtet nach eigenen Angaben darauf, seinen Körper abzuhärten. Jeden Tag wäscht er sich zweimal ganz ab, sogar bei strenger Kälte. »Zwei Paar Wollsocken, gefütterte Schuhe, zwei Unterhosen und mehrere übereinander gezogene Jacketts hielten ihn warm genug«, berichtet Kripo-Chef Burghard.[111] Fabeyer übernachtet im eiskalten Februar sogar bei 18 Grad unter Null in einer Futtertraufe.

Der Seriendieb rasiert sich nun jeden Tag und sucht gelegentlich einen Friseur auf. Beschwerden bereiten ihm seine Zähne und der Magen. Gegen die ständigen Magenschmerzen nimmt Fabeyer nach eigenen Angaben Nervogastrol und Magisel, zwei Mittel, die er sich in Apotheken von Großstädten besorgt.[112] Als die Polizei intensiv nach ihm fahndet, legt er sich dafür die Sätze zurecht, die er sagen will, damit er sie ohne Stottern sprechen kann.

Auf seine Spur kommen die Beamten einige Wochen nach einem Vorfall in Gretesch, einem östlichen Nachbarort von Osnabrück: Am 29. Dezember dringt ein Einbrecher gegen 2.45 Uhr in das Haus des Postbeamten Alois Broxtermann ein, ein Gebäude an der Landstraße von Gretesch nach Belm.[113] Hier öffnet der Täter mit Hilfe eines Dietrichs die Hintertür. Dann durchsucht er das Wohnzimmer und entwendet vier Mark aus einer herumliegenden Brieftasche.[114] Um den Fluchtweg vorzubereiten, macht er die Vordertür auf, gelangt in die Küche, stibitzt Schokolade und schleicht von dort in das Schlafzimmer der 20-jährigen Tochter Irmentraud und ihrer Tante Elisabeth D., die vor Schreck aufschreit und um Hilfe ruft. Die Schreie verstummen selbst dann nicht, als der Einbrecher, mit vorgehaltener Schusswaffe drohend, Ruhe fordert.[115]

Wegen der Schreie will der Täter den Rückzug antreten – und da ertappt ihn der Familienvater. Vom Lärm geweckt und beunruhigt, kommt Alois Broxtermann aus dem Schlafzimmer im ersten Stock, steigt, nur mit einem weißen Unterhemd bekleidet, die Treppe herunter und schneidet dem Eindringling im Hausflur den Fluchtweg ab. Fabeyer schießt auf ihn, die Kugel durchschlägt die Brust, und das Projektil bohrt sich in den Fensterrahmen.[116] Der Postbeamte sinkt zu Boden. Er sagt dazu vor Gericht aus, dass er einen etwa 30 Zentimeter langen Feuerstrahl vor sich wahrgenommen und einen kurzen Ruck in der Bauchgegend verspürt hat.[117]

»Ich lief durch den dunklen Flur in Richtung des vorderen Eingangs«, erklärt Fabeyer dazu in der Vernehmung.[118] »Wie ich bereits erwähnte, rechnete ich mit einem Angriff von hinten. Während des Laufens stieß ich gegen einen Körper. Dabei ging ein Schuss los, den ich nicht gewollt hatte.« So lautet seine Version. Es ist, soweit bekannt, das erste Mal, dass er mit einer Waffe auf einen Menschen schießt.[119]

Fabeyer steigt über das Opfer hinweg und verschwindet im Dunkel der Winternacht. Die Tochter eilt hinterher, und kann gerade noch erkennen, dass der Schütze auf einem schwarzen Damenfahrrad davonstrampelt und am Gepäckträger einen großen Sack festgezurrt hat. Dann kümmert sie sich um ihren Vater. Mit dem Unfallwagen wird Alois Broxtermann ins Marienhospital Osnabrück eingeliefert und in der chirurgischen Abteilung behandelt. Schwer verletzt überlebt der 53-Jährige die Tat; er bleibt dauerhaft querschnittsgelähmt.

Noch am Vormittag des 29. Dezember, gegen 10.30 Uhr, gut sieben Stunden später, wird Irmentraud durch die Mordkommission vernommen. Bei der Gegenüberstellung mit vier Männern kann die junge Frau den Täter nicht erkennen; ebenso wenig, als ihr die Polizisten Lichtbilder vorlegen.[120] Zusammen mit ihrer Tante muss sie am 4. Januar nochmals auf die Dienststelle, nun stehen ihr acht Männer gegenüber – wieder ohne Erfolg.

Am 30. Dezember schickt die Kripo ein Fernschreiben an alle Landeskriminalämter, alle LKP-Stellen in Niedersachsen, alle Polizeiabschnitte im Regierungsbezirk und nachrichtlich an das Bundeskriminalamt (BKA) in Wiesbaden. Der Täter wird beschrieben als 30 Jahre alt, er ist 175 Zentimeter groß, schlank, hat ein längliches Gesicht, dunkles Haar, eine auffallend spitze Nase, und ihn zeichnet demnach ein »stechender Blick« aus. In einer Pressemitteilung werden die Einwohner in den Landkreisen Bersenbrück,

Abb. 4: Spurensicherung am Haus der Familie Broxtermann in Gretesch.

Wittlage, Melle und Osnabrück-Land gebeten, sich bei der Polizei zu melden, wenn sie Hinweise geben können über »landstreicherähnliche Personen (Bettler u.a.)«, die der Täterbeschreibung entsprechen.[121]

Der Erste Oberstaatsanwalt am Landgericht Osnabrück setzt eine Belohnung von 1000 DM aus, knapp drei Wochen später setzt die Gemeinde Gretesch eine Belohnung in gleicher Höhe aus.[122] Die Polizei wertet die Schüsse als versuchten Mord – und damit ermittelt die Mordkommission der LKP-Stelle in Osnabrück. Sie richtet eine Sonderkommission (Soko) Broxtermann ein. Die Ermittler sichern Spuren, beschreiben den Tatort, machen Aufnahmen im Haus und fotografieren im Schnee die Fahrradspuren (Abb. 4 und 5).[123]

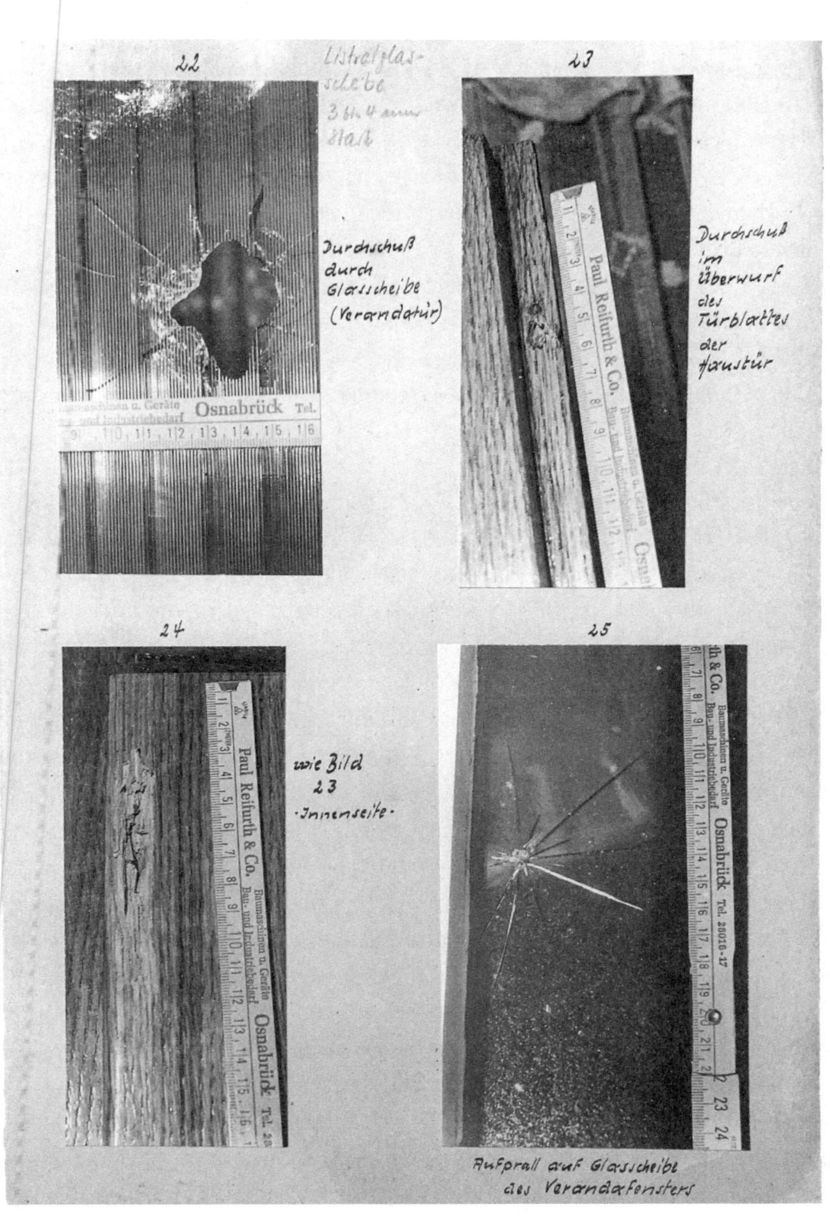

Abb. 5: Spuren von Einschüssen an Fenster und Tür.

Der Täter, so eine erste Erkenntnis, muss »als Nachschlüsseldieb angesehen werden, der zur Deckung seiner Straftaten auch vor der Tötung eines Menschen nicht zurückschreckt«. Es zeigt sich, dass der Dieb in derselben Nacht zuvor am Bruchweg in Gretesch zwei »Nachschlüsseldiebstähle« begangen hat; er hat zwei Geldbörsen entwendet und dann in einem Haus vier Tafeln Schokolade mitgenommen – eine Sache, die noch rechtliche Bedeutung erlangen wird.[124]

Auf dem Flurboden im Haus Broxtermann finden die Polizisten die Geschosshülse, und in einem Fensterrahmen stoßen sie auf das stark verformte Projektil, das den Oberkörper des Postbeamten durchschlagen hat. Das Landeskriminalpolizeiamt Niedersachsen in Hannover untersucht das blutverschmierte Unterhemd, und die Osnabrücker Ermittler schicken die Geschosshülse und das Projektil an die kriminaltechnische Abteilung des BKA in Wiesbaden.[125] Ein Gutachter prüft anhand der Spuren, ob zuvor schon Verfeuerungsrückstände aus derselben Waffe aktenkundig geworden sind. Der Befund ist negativ. Das BKA stellt lediglich fest, dass es sich um ein Kleinkalibergewehr handelt.

Ein mageres Ergebnis, das die Ermittlungen nicht weiterbringt. Die Osnabrücker Kriminalisten überlegen, ob es Hinweise auf einen Täter gibt, der zuvor mit einer ähnlichen Methode bei einem Einbruch vorgegangen ist.[126] Sie senden daher ein Rundschreiben mit der Beschreibung der Tat an sämtliche Polizeidienststellen im Regierungsbezirk. In der hauseigenen Kartei stoßen sie auf die schon erwähnte Einbruchsserie in Engter. Und aus den Polizeidienststellen gehen innerhalb kurzer Zeit rund 50 Meldungen ein, die irgendwie dem Fall Broxtermann ähneln. Erstmals erfährt die Osnabrücker Kriminalpolizei so von der Einbruchsserie.

In den Wäldern rund um Osnabrück entdecken Waldarbeiter, Jäger und Spaziergänger fünf Vorratslager, getarnt mit Zweigen, Moos und Farnkraut. Fundorte sind ein Tannendickicht im Ruller Bruch, wo die abgesägten Läufe einer Waffe gefunden werden, und ein Depot im Dratumer Wald bei Gesmold. In einer Tannenschonung nahe dem Golfplatz von Jeggen am Wellinger Berg zwischen Belm und der Schelenburg wird ein Bettenlager entdeckt – mit Betten des verlassenen Hofs Fobker in Wellingen – und im Nahner Holz nahe der südlichen Osnabrücker Stadtgrenze ein Depot in einer verlassenen Baracke (Abb. 6).[127] Überall findet sich Diebesgut, vor allem Lebensmittel in großen Mengen, Filterzigaretten, Jägermeister-Likör, Süßigkeiten sowie Munition und Patronenhülsen. Und die Polizisten stoßen auf einen batteriebetriebenen »Philishave«-Trockenrasierer, so dass sich der Waldmensch nicht bei einem Friseur die Haare und den Bart stutzen lassen muss. Er übernachtet auf Schaumgummi-Matratzen, deckt

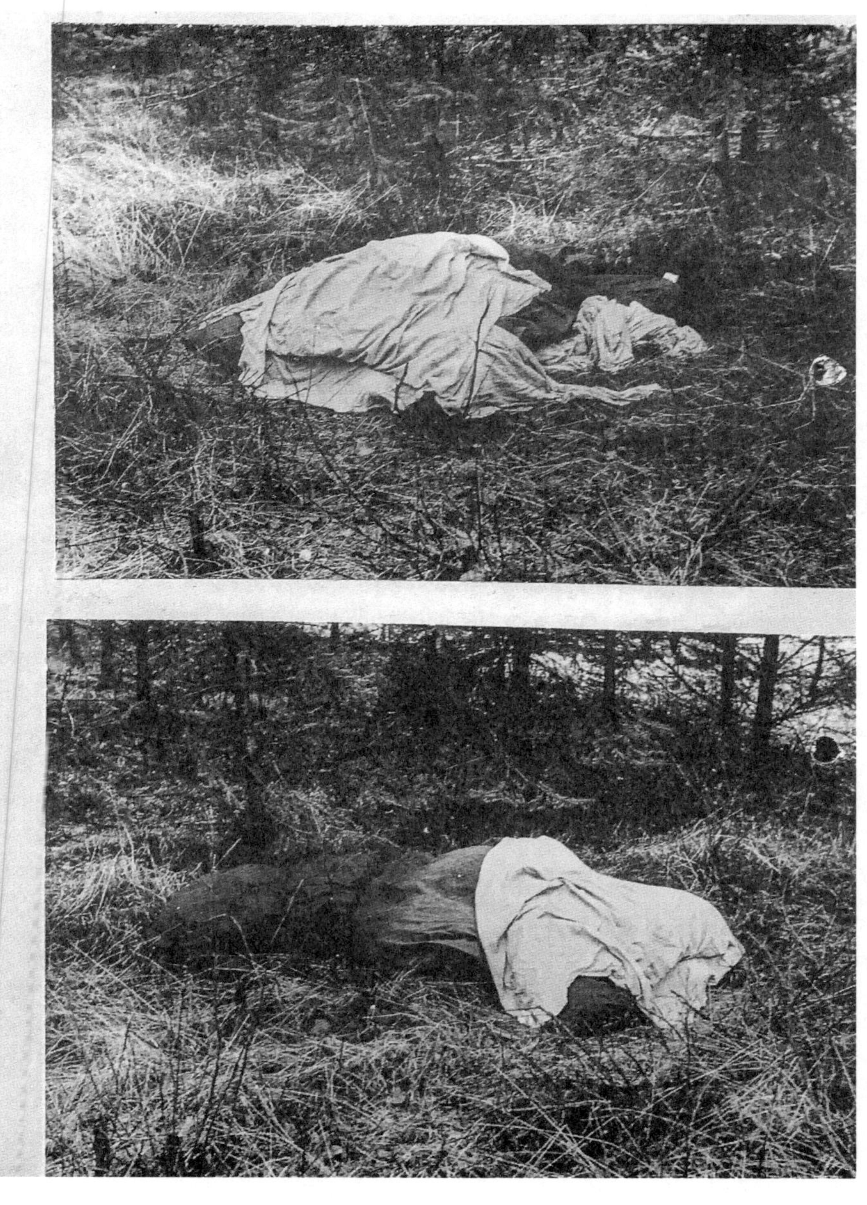

Abb. 6: Fabeyers Bettenlager im Wellinger Berg.

sich mit Federbetten zu und nutzt als Kopfkissen bestickte Sofakissen – »Motiv: Rotwild«. Auch Fingerabdrücke hat der Täter hinterlassen.

Zahlreiche Spuren in Bäumen weisen auf Schießübungen hin.[128] Der Schusswaffenerkennungsdienst des BKA stellt fest: Die Hülsen und Geschosse wurden aus ein und derselben Waffe verfeuert.[129] Damit erhärtet sich der Verdacht der Kriminalisten, dass es sich bei der Einbruchsserie und dem Mordversuch an Broxtermann um einen Einzeltäter handelt.

Zunächst kommt die Sache nicht weiter. Fingerabdrücke helfen nur dann, den Täter zu identifizieren, wenn es Tatverdächtige gibt, mit denen Daktyloskopen die Spuren vergleichen können. Aber der richtige Verdacht stellt sich nicht ein.[130] Doch der Ermittler Heinz Stobäus kann in der Nacht zum 1. Februar nicht schlafen und denkt nach.[131] Der Kriminalobermeister aus dem Osnabrücker Einbruchsdezernat hat in den beiden örtlichen Tageszeitungen, dem »Osnabrücker Tageblatt« und der »Neuen Tagespost«, Berichte über den Fall gelesen, von Kollegen davon gehört – und erinnert sich an eine Einbruchsserie, die etwa zehn Jahre zurückliegt. Damals ist ein Mann mit ähnlicher Methode vorgegangen: Im Wald hat er Diebeslager angelegt, Lebensmittel in Milchkannen vergraben, Süßigkeiten gegessen, Telefonleitungen herausgerissen und Schießübungen veranstaltet. Und der Polizist erinnert sich an den Namen des Verbrechers: Bruno Fabeyer. Unter dem Buchstaben »F« wird er in der Kartei der LKP-Stelle fündig (vgl. Abb. 7).[132] Aber laut Aktenlage sitzt der »alte Freund« doch in Sicherungsverwahrung, wundert er sich.

Stobäus fragt daher in der Haftanstalt Celle telefonisch nach, was dort zu Erstaunen führt, schließlich haben sie Fabeyer im Sommer 1965 wegen guter Führung bedingt entlassen. Dreimal hat er ein Gesuch eingereicht, und beim letzten Mal haben die Richter dem stattgegeben, zumal der Celler Gefängnisvorsteher Fabeyer – wie erwähnt – gute Führung, Zuverlässigkeit und Fleiß bescheinigt.[133] Es stellt sich heraus, zumindest nach Darstellung der Kripo: Die Meldung aus der Haftanstalt ist aus irgendwelchen Gründen nicht in Osnabrück angekommen. Erst jetzt wird klar: Der Gewohnheitsverbrecher befindet sich seit dem 1. August 1965 auf freiem Fuß.

Zwar beschäftigen gegenseitige Schuldzuweisungen die Behörden, doch in dieser Zeit vergleichen die Daktyloskopen die Fingerabdrücke mit jenen an den Einbruchsorten. Sie stimmen überein, und damit steht so gut wie fest: Fabeyer hat die Einbruchsserie und den versuchten Mord begangen.[134] Die Kripo benennt die Soko Broxtermann um in Soko Fabeyer und leitet zahlreiche Fahndungsmaßnahmen ein. Die Soko kontaktiert das BKA, alle deutschen Landeskriminalämter, alle Polizeiabschnitte und die motorisierte Verkehrsstaffel im Regierungsbezirk Osnabrück sowie die Grenzsschutzdirektion Koblenz und bittet um Mitfahndung.[135]

Seine Waffe hat der Einbrecher, wie im Nachhinein bekannt wird, Mitte Januar weggeworfen, auf einem Acker in Jeggen an der Straße nach Schledehausen. Der Bauer Willi U. findet das Gewehr im Oktober 1966, als er den Stoppelacker fräst.[136]

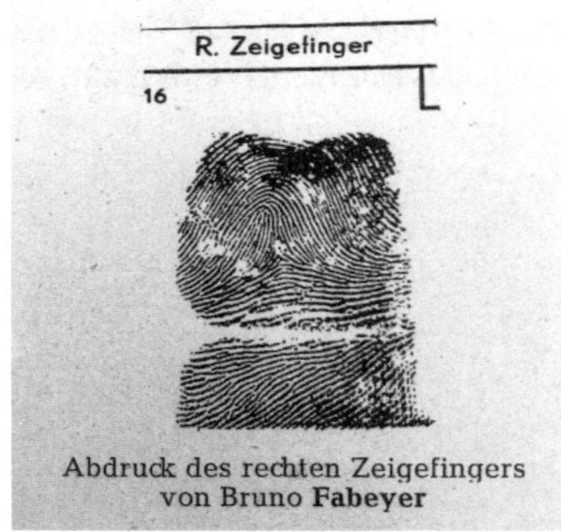

Abb. 7: Abdruck des rechten Zeigefingers von Bruno Fabeyer.

Die Kriminalisten stellen fest, dass Fabeyer zunächst eine Einbruchsserie westlich von Osnabrück begangen hat, dann im rund 50 Kilometer entfernten östlichen Umland. Und nun starten sie die bis dahin größte Fahndungsaktion in der Geschichte der Region Osnabrück, um den »Bluttäter von Gretesch« oder »Gangster von Gretesch«, wie ihn die Lokalpresse nennt, zu fassen. Am 5. Februar 1966 reisen rund 90 Beamte der kasernierten Landesbereitschaftspolizei Niedersachsen in einer großen Wagenkolonne an und beziehen Quartier in der Jugendherberge in Bad Essen. Dann rücken sie mit Kollegen der Landeskriminalpolizei Osnabrück aus und bilden einen 15 Kilometer langen Postenriegel. Mit der Aktion im Wiehengebirge, zwischen Ostercappeln und Osnabrück, will Kripo-Chef Burghard Fabeyers Bewegungsachse in Nord-Süd-Richtung entlang der Bahnlinie Osnabrück-Bremen durchschneiden.

Drei Tage und Nächte verharren die Polizisten im Wald und sind strömendem Regen ausgesetzt. Zwei Suchhunde unterstützen die Beamten, und ein »Alouette PN-143«-Hubschrauber des 100. Heeresfliegerbatallions Rheine-Bentlage steigt mit Kriminalkommissar Hans Sander für die Fahndung in die Luft und fliegt über die Wälder bei Rulle und Engter. Am Nachmittag muss der Flug wegen schlechter Sicht beendet werden.[137] Die Polizeiführung bricht die Aktion erfolglos ab, denn die Motivation der Männer ist in den Keller gerutscht. Außerdem wird die Aktion der Öffentlichkeit bekannt.[138] Zwar wird ein verdächtiger Radfahrer gefasst, doch der Gesuchte ist es nicht. Fabeyer selbst scheint wie vom Erdboden verschluckt.[139]

Von dem Vorgehen habe er nichts bemerkt, sagt er später. Mehrfach habe er Ende Januar und Anfang Februar 1966 nachts Polizeifahrzeuge gesehen. Daher sei er für einige Zeit aus dem Raum Osnabrück verschwunden.[140]

Haftbefehl und Öffentlichkeitsfahndung

Am 8. Februar 1966 erlässt das Amtsgericht Osnabrück auf Antrag der Staatsanwaltschaft Haftbefehl gegen den Kriminellen, zuvor hat sie bereits die Aufhebung der Sicherungsverwahrung widerrufen.[141] Das Innenministerium in Hannover, geführt vom Sozialdemokraten Otto Bennemann, stellt dem Osnabrücker Regierungspräsidenten für die Fahndung Mittel aus einem Sondertitel zur Verfügung. »An Geld hat es in Niedersachsen bei der Fahndung nach Fabeyer nicht gemangelt«, blickt Kripo-Chef Waldemar Burghard (1924-2002) später zurück.[142] Aus der Sicht von Minister Bennemann und anderen Zeitgenossen war die Suche nach dem flüchtigen Gewohnheitsverbrecher die langwierigste, teuerste und aufwendigste Fahndungsaktion in der Geschichte der Bundesrepublik.[143]

Das Landeskriminalpolizeiamt (LKPA) überträgt Burghard die Befugnis, alle erforderlich erscheinenden Maßnahmen im Namen des LKPA in Hannover zu treffen.[144] Für den Cheffahnder, dem Kollegen den liebevollen Spitznamen »Waldi« verpassen,[145] ist der Kriminelle Fabeyer nicht irgendein Verbrecher. Mit der Persönlichkeit und mit der Flucht des Serientäters beschäftigt er sich jahrelang, sogar noch im Ruhestand.

Die Soko schickt an alle Polizeibeamten im Regierungsbezirk Osnabrück jeweils drei Porträtfotos des Täters – wie üblich zeigen sie den Gesuchten von vorn, im Profil und schräg von der Seite (Abb. 8). Die Bilder sind bereits zehn Jahre alt, stammen aus dem Jahr 1956.[146] Sie werden den örtlichen Zeitungen zur Verfügung gestellt, damit die Öffentlichkeit die Polizei unterstützt. Unverständnis herrscht in der Lokalpresse darüber, dass Fabeyer vor seiner Entlassung aus dem Zuchthaus Celle nicht erneut fotografiert worden ist.[147]

Tatsächlich aber hat man in einem Kaufhaus an einem Automaten durchaus zwei Aufnahmen machen lassen. Das eine Bild ist in den Personalausweis geklebt worden, das zweite Fabeyer mit auf den Weg gegeben. Wie sich im Nachhinein herausstellt, wirkt sich diese Panne nicht negativ aus: Die Lichtbilder des Erkennungsdienstes sind zwar nicht mehr aktuell, aber nach seiner Festnahme sieht Fabeyer fast noch so aus wie Jahre zuvor. Das belegen die Bilder, die Burghard im November 1967 in der Fachzeitschrift »Kriminalistik« veröffentlicht.[148]

Das »Osnabrücker Tageblatt« und die »Neue Tagespost« drucken die Bilder mit Fabeyers Porträt ab.[149] Und die Redaktionen der beiden Lokalzeitungen halten sich an die

Abb. 8: Porträtfoto von Bruno Fabeyer aus dem Jahr 1956.

Bitte der Polizei, nicht über die Schüsse auf den Postbeamten Broxtermann in Gretesch zu berichten.[150]

Hunderte Meldungen erreichen die Schutzpolizei. Als die Beamten diesen Hinweisen nachgehen, stellen sie fest: Manches kann schlichtweg nicht stimmen, sonst wäre der Gesuchte an vielen unterschiedlichen Orten zur selben Zeit gesehen worden.[151] »So viel Fabeyers kann es gar nicht geben«, stöhnen die Mitarbeiter der Kriminalpolizei.[152] »Fabeyer-Fieber grassiert« überschreibt das »Osnabrücker Tageblatt« am 8. Februar eine Meldung, wonach ein Autofahrer auf der Straße Halen-Hollage in einem Radfahrer den Serien-Einbrecher erkannt haben will. Dieser Hinweis löst eine Großfahndung zwischen Wersen, Halen, Wallenhorst und Hollage aus, unter Beteiligung von Polizisten aus Nordrhein-Westfalen und Niedersachsen. Doch bei der Überprüfung stellt sich heraus: Der Radfahrer ist ein harmloser, beinamputierter Mann.

Die Öffentlichkeitsfahndung ist groß angelegt und nimmt »zeitweise hysterische Formen« an, wie Waldemar Burghard Jahre danach einräumt. Mit Spürhunden rücken die Männer aus und durchkämmen ein Gebiet. Erneut ohne Erfolg. Stunden später wird die Aktion abgebrochen. Die Polizei hat mit einer Schwierigkeit zu kämpfen: Ihre Funkstreifenwagen sind nur mit Straßenkarten ausgerüstet, die sich die Besatzungen an Tankstellen verschiedener Firmen besorgt haben. Eine Einsatzleitung ist so unmöglich. Polizisten, die sich in ihrem Gebiet auskennen, finden sich im Wald einigermaßen zurecht, doch ortsunkundige Besatzungen von Funkstreifen irren hilflos umher.[153]

Die Atmosphäre ist spannungsgeladen. Transistorradios sind zu dieser Zeit, so schreibt Kripo-Chef Burghard, in Osnabrück kaum verbreitet. Das ändert sich jetzt: Wer keinen Apparat besitzt, kauft sich schnell einen. Die Radiomechaniker leisten Überstunden und manipulieren die Geräte ein wenig, damit Hörer auch Polizeifunk empfangen können. Das Mithören entwickelt sich zum Volkssport.[154] »Gastwirte, die nicht den Polizeifunk eingestellt hatten, blieben allein«, bemerkt Burghard. Was zur Folge hat, dass sich bei den Einsätzen Tausende von Schaulustigen auf den Weg machen, um sich das Spektakel einer möglichen Verhaftung aus nächster Nähe anzuschauen.[155] Dass sie in der Fahndung eine Massenunterhaltung sehen, behindert die Arbeit der Polizei. Deshalb nutzen die Beamten nun neutrale Fahrzeuge und sprechen im Funkverkehr nicht von Fabeyer, sondern von »entlaufenen Kindern« und später vom »Schamverletzer«.[156]

Selbst Kinder im Raum Osnabrück lassen sich anstecken von der Unruhe der Erwachsenen und von der Fahndung nach Fabeyer, sie gruseln sich angesichts der Geschichten über einen plündernden Waldmenschen. »Fanden wir dann irgendwo im

Gehölz verblichenes Bonbonpapier oder halb verweste Tierknochen, dachten wir gleich, wir hätten ein altes Fabeyer-Versteck ausgehoben«, schreibt Maik Grawenhoff, der in Wersen westlich von Osnabrück aufgewachsen ist, in seinen Erinnerungen.[157] In ihrer Fantasie stellen sich Kinder einen wildernden, bewaffneten und womöglich verwahrlosten Mann vor – und schon der Gedanke daran erzeugt Angst. Viele Straßenlaternen brennen nun auch nachts. Und wenn der Wind nur an den Scheunentoren rüttelt, zucken Menschen nervös zusammen.

Ein landwirtschaftlicher Gehilfe, ein geistig etwas zurückgebliebener Mann aus dem Kreis Bersenbrück, findet Gefallen darin, dauernd für Fabeyer gehalten zu werden.[158] Dem Gesuchten sieht er tatsächlich ähnlich, und er hat herausgefunden, dass er in der aufgeheizten Situation nur mit einem alten Damenfahrrad unterwegs sein muss, um mit Fabeyer verwechselt zu werden. Und wenn der selbsternannte Doppelgänger das Rad bei der Begegnung mit anderen Menschen stehen lässt und in ein nahegelegenes Gehölz rennt, kann er sicher sein, dass nach kurzer Zeit die Post abgeht. Mehrfach greift ihn die Polizei im Rahmen ihrer Fahndungsaktion auf.

Fabeyer selbst hat sich, wie sich später herausstellt, aus dem Raum Osnabrück abgesetzt. Dort ist es ihm zu heiß. Er hält sich in Hildesheim und Northeim auf. Am 18. Februar kehrt er in seine Heimatregion zurück und setzt seine Einbruchsserie fort.[159]

Fabeyer tötet den Polizisten Heinrich Brüggemann

Während die Fahndung auf Hochtouren läuft, spitzt sich die Situation zu. Am Abend des 24. Februar 1966 wird mal wieder ein Verdächtiger gemeldet. Zunächst gegen 17 Uhr in einer Gaststätte in Hunteburg im Kreis Wittlage, doch das erweist sich als Fehlalarm.[160] Dann betritt in der Siedlung Meyerhöfen nahe Hunteburg ein Unbekannter die Dorfgaststätte August Heemann. Es ist die Zeit der Dämmerung um etwa 18 Uhr. Mit stotternder Stimme bestellt der Mann ein Kotelett und ein Bier.[161] Der Wirt sagt ihm, das Kotelett müsse noch gebraten werden, worauf der Gast antwortet, er könne warten, er habe Zeit. Seine Frau Wilma Heemann meint, Fabeyer zu erkennen, und teilt es ihrem Mann mit – doch der versucht, der Wirtin den Verdacht auszureden.[162]

Eine halbe Stunde später kommt der Bundesbahnbeamte Herbert Schubert ins Gasthaus. Die Wirtin fordert ihn unter einem Vorwand auf, sofort in einen Nebenraum zu kommen. Sie ist sicher, dass sie Bruno Fabeyer erkannt hat, den Mann, der überall gesucht wird. Sein Foto haben die Zeitungen veröffentlicht – und es ist auf den Steckbrief gedruckt, der in der Gaststätte aushängt.[163] Der Mann habe sich mit den Gästen unterhalten und sei guter Dinge gewesen, wird die Wirtin später berichten. Ungepflegt habe er nicht ausgesehen, im Gegenteil. Andere Zeugen bemerken, er habe unauffällig, aber genau beobachtet, wenn jemand die Wirtschaft betreten habe.[164]

Schubert kehrt an die Theke zurück und mustert den Gast. Dann verlässt er das Lokal, steuert mit seinem VW die nächste Polizeidienststelle an und holt den Dorfpolizisten Heinrich Brüggemann, der an diesem Tag schon einen Einsatz im Rahmen der Fabeyer-Fahndung gehabt hat[165] Als der Ordnungshüter im Gasthaus auftaucht, ist der fremde Einzelgänger aber schon verschwunden; die Unruhe hat ihn offenbar misstrauisch gemacht. Der Gast hat sein Kotelett verspeist, das Bier ausgetrunken, seine Rechnung bezahlt und in aller Ruhe das Wechselgeld eingesteckt – dann ist er mit dem Fahrrad weggefahren.

Ein Fahrzeug der Freiwilligen Feuerwehr, am Steuer sitzt der 37-jährige Bundesbeamte Helmut Klausjürgens, ist bereits hinter ihm her.[166] Und auch Brüggemann nimmt im Auto als Beifahrer von Schubert die Verfolgung auf. Am Blaulicht erkennen sie, wo sie hinmüssen. Nach wenigen hundert Metern entdeckt der Polizist auf einer Landstraße einen Radfahrer, den der Wagen überholt. Brüggemann ruft ihm aus dem geöffneten Wagenfenster zu: »Halt, stehenbleiben, Polizei!« Der Fremde wirft sein Rad auf die Straße und flüchtet zu Fuß über die Wiese des Bauern Bosse.[167] Brüggemann reißt die Autotür auf und rennt ihm nach. Schubert wendet seinen VW, und jetzt beleuchten die Scheinwerfer den Fluchtweg. Zwar beobachtet er, dass der Polizist, ein 1,90 Meter großer Ausdauersportler, den Täter bald stellt und von hinten an den Beinen festhält – aber der zieht eine Waffe aus dem selbstgefertigten Schulterhalfter unter seinem Mantel hervor. Fünfmal schießt er mit dem Kleinkalibergewehr auf den Polizeiobermeister.[168] Aus kürzester Entfernung trifft er ihn am Hals, am Bauch, am Rücken und mit einem Streifschuss an der Brust.[169] Dann rennt er in der Dunkelheit weg und verschwindet über die winterlichen Felder.

Zurück lässt er hinderliche Kleidungsstücke und eine Aktentasche, gefüllt unter anderem mit Zigarettenschachteln der Marken Juno, OVA und HB, einem Feuerzeug, zwei Tafeln Vollmilch-Schokolade, Bonbons, Schuhcreme und einer Flasche »Halb und Halb«. Auch Werkzeuge für Einbrüche – eine kleine Säge, Handschuhe, ein Seil, eine Feile und ein Schraubenzieher – gehören zum Inhalt.[170]

Brüggemann sackt zusammen. Das Feuerwehrauto nimmt den Schwerverletzten auf, rast mit Blaulicht und Martinshorn Richtung Klinik – aber noch auf dem Weg ins Ostercappelner Krankenhaus, hinter Bohmte, stirbt der Ordnungshüter an inneren Blutungen. »Grüßt mir meine Frau und die Kinder. Und sagt ihnen, sie sollen nicht traurig sein« – so lauten nach Zeitungsberichten die letzten Worte des Polizisten.[171]

Fabeyer kann oder will sich bei der späteren Vernehmung nicht exakt an den Vorfall erinnern:

> *»Ich bestreite nicht, dass ich die Schüsse auf den Beamten abgegeben habe. Wie es aber im Einzelnen dazu kam, weiß ich einfach nicht mehr, da ich erheblich unter Alkoholeinfluss stand. Ich kann mich auch nicht genau entsinnen, ob ich gezielt habe und wieviel Schüsse ich abgegeben habe. Ich hatte im Unterbewusstsein nur das Gefühl, da will dir einer etwas. Nachdem die Schüsse gefallen waren, konnte ich mich wieder frei bewegen.«*[172]

Wie es um seine Trunkenheit und seine Reaktionsfähigkeit wirklich bestellt ist, damit befasst sich zwei Jahre danach die Justiz, und sie nimmt ihm die Behauptung nicht ab, er habe große Mengen Alkohol getrunken und sei deshalb unzurechnungsfähig oder weniger schuldfähig.

Die Beamten rekonstruieren den Tathergang und finden heraus, dass sich Fabeyer zu diesem Zeitpunkt bereits seit gut einer Woche im Kreis Wittlage aufhält.[173] In Vörden entwendet er ein Damenfahrrad, und den Tag des 24. Februar verbringt er zunächst im Vehrter Staatsforst und im Moor bei Hunteburg. Vor seinem Besuch in Meyerhöfen bürstet er sorgfältig Schuhe und Anzug, um nicht aufzufallen. In der Ortschaft kauft er sich Sägeblätter für eine kleine Allzweckbogensäge, die er bei Einbrüchen gebraucht, und im Geschäft Trentmann erwirbt er Nadeln und Zwirn. Fabeyer behauptet später vor Gericht, alkoholbedingt habe er erhebliche Ausfallerscheinungen gehabt. Doch kein einziger der Zeugen, die sich in den Tagen danach bei den Vernehmungen äußern, hat Beeinträchtigungen registriert. Damit wäre ihm seine Flucht wohl auch nicht gelungen.

Grell erleuchten an diesem Abend die Scheinwerfer der Polizeifahrzeuge und Handleuchten die Weide des Bauern Bosse. In der Gastwirtschaft Knostmann findet eine erste Lagebesprechung statt, und noch in der Nacht führt die niedersächsische Polizei rund um Hunteburg eine Großfahndung durch.[174] Ein Hund nimmt die Fährte auf, er gelangt bis an ein weitläufiges Überschwemmungsgebiet. Für die Beamten heißt das: Fabeyer ist mehrere Kilometer durchs Moor in Richtung Dümmer geflüchtet (Abb. 9-12).

Fabeyer sagt nach seiner Festnahme, schon nach kurzer Strecke sei er versehentlich in einen breiten Wassergraben gefallen. Das würde erklären, warum ihn Spürhunde der Polizei nicht mehr verfolgen können. Ein wenig hat er in einer Feldscheune geschlafen und sich noch in der Nacht mit neuer Kleidung und einem Fahrrad versorgt. Gut zwei bis drei Kilometer vom Tatort entfernt stiehlt er aus der Diele des Landwirts Heinrich Schulze in Stemshorn eine grüne Tweed- und eine Lodenjacke, eine dunkelbraune Manchester-Cord-Hose, eine Pelzmütze, eine Aktentasche mit Bandmaß und ein Damenfahrrad der Marke »Rixe«.[175]

Doch das bekommt die Polizei nicht mit. Ergebnislos bricht sie am nächsten Morgen die Fahndung ab.[176] Da melden Beamte vom Ufer des zehn Kilometer entfernten Dümmersees Einbrüche in Wochenendhäusern; Taten, die in der Nacht verübt worden sind und Fabeyers Handschrift tragen. Am Bahnübergang in Stemshorn bei Lemförde taucht der Gesuchte auf, und ein Diebstahl wird in Hüde nördlich von Lemförde gemeldet.[177] Er steigt in die Gastwirtschaft Piening ein, entkittet das Fenster, zertrümmert mit einem Jägermesser eine Scheibe, öffnet das Fenster und steigt ein. Aus dem Haus entwendet er eine grüne Herrenjacke, eine Wildledermütze und verschiedene Getränkeflaschen.[178] Und wieder entwischt Fabeyer.

Mit den Schüssen auf seinen Verfolger hat der Seriendieb eine Tat verübt, die weit über das Dorf Meyerhöfen und den Kreis Wittlage hinaus die Bevölkerung schockiert und nicht allein im Ort noch Jahrzehnte danach im Gedächtnis bleibt. Polizisten sind auch deshalb entsetzt, weil der gewaltsame Tod eines Kollegen ihr Berufsbild und das

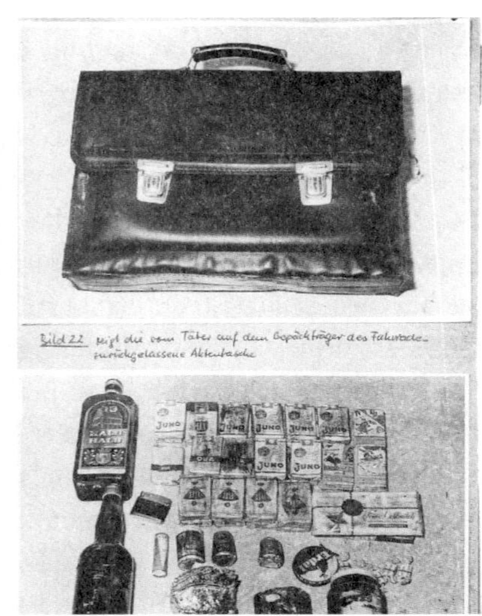

Abb. 9: Der angenommene Fluchtweg Fabeyers (oben links).

Abb. 10: Diese Aktentasche mit Zigaretten, Alkohol und Schuhcreme blieb auf dem Fahrrad zurück (oben rechts).

Abb. 11: Diese Regenjacke ließ Fabeyer auf seier Flucht zurück (unten links).

Abb. 12: Mit diesem Damenrad war der „Moormörder“ unterwegs (unten rechts).

Gefühl der eigenen Sicherheit erschüttert. So ein tödlicher Vorfall weckt bei den Beamten Gedanken an das Risiko und die Gefahr bei jedem Einsatz. So etwa auch in England: Als ein halbes Jahr später, am 12. August 1966, in London drei Polizisten bei einem Raubüberfall erschossen werden, führt das zu einem Aufschrei bei den Briten. Scotland Yard leitet eine der größten Fahndungsaktionen seiner Geschichte ein.[179]

»Heinrich Brüggemann – dieser treue Polizeibeamte war einer der besten«,[180] würdigt das »Wittlager Kreisblatt« am 26. Februar 1966 den getöteten Ordnungshüter und titelt: »Bruno Fabeyer kaltblütig und brutal«. Nun bekommt der Serien-Einbrecher in der Öffentlichkeit den Titel »Polizistenmörder«.

Brüggemann stammt aus Müschen im südlichen Landkreis Osnabrück und hat seit 1954 als Polizist in Hunteburg gearbeitet. Er wird nur 44 Jahre alt und hinterlässt eine Ehefrau und vier Söhne zwischen 10 und 16 Jahren.[181] Das Gedenken an Brüggemann im »Wittlager Kreisblatt«, der für Hunteburg zuständigen Lokalausgabe, gleicht einer Art Heldenverehrung, was schon die vorgenannte Überschrift ausdrückt. »Er war unbestechlich und geradlinig, aber unter seiner Uniformjacke schlug ein verstehendes Herz«, textet Lokalredakteur Klaus Weißenborn. »Wer ihn sah in seiner Größe, der mochte glauben, es sei besser, sich mit diesem Manne nicht anzulegen … Um den Mund von Heinrich Brüggemann spielte immer ein fröhliches Lächeln und die Augen dieses Mannes konnten so gut und manchmal mit ein wenig Schalk blicken.« Bis hin zu einer Stilblüte, die heutige Leserinnen und Leser wohl eher schmunzeln lässt: »Gelebte Männlichkeit setzte stets die Inhalte im Leben dieses Mannes.«

Weniger pathetisch berichtet die »Neue Tagespost«; die Zeitung bringt einen knappen Lebenslauf des Polizisten und zeigt ein Bild der Familie Brüggemann aus glücklichen Tagen.[182] Am 25. März schreibt das Blatt: »Es wird eine heilige Pflicht aller Kollegen Brüggemanns sein, den Gewaltverbrecher Fabeyer der Gerechtigkeit zuzuführen und den Tod des Ermordeten zu sühnen.« Weiter heißt es:

> *»Die Bevölkerung in und um Hunteburg hält den Atem an. Stellenweise macht sich panikartige Stimmung breit. Aber Besonnenheit und Aufmerksamkeit sind erste Bürgerpflicht. Helft alle mit, den Mörder zur Strecke zu bringen! … Möge sein nächstes ›Gasthaus‹ das Zuchthaus sein …«*[183]

Am 28. Februar ist ganz Hunteburg auf den Beinen bei der Trauerfeier für Brüggemann. Nachbarn, Freunde, Polizisten und Feuerwehrleute nehmen Abschied, ebenso Vertreter der kommunalen Behörden und der kirchlichen und weltlichen Vereine und Verbände.[184] Es handelt sich fast um eine Art Staatsbegräbnis auf regionaler Ebene, schaut man auf das Zeremoniell, den repräsentativen Rahmen und die Anwesenheit hoher Funktionsträger. Angeführt von Schulkindern und der Trauerfahne der katholischen Kirchengemeinde, wird der Sarg vom Trauerhaus zur Pfarrkirche überführt.

Für die Bezirksregierung Osnabrück spricht Regierungsdirektor Eberhard Rother und erklärt, der getötete Polizist sei den Weg der Pflichterfüllung ohne Rücksicht auf seine eigene Sicherheit gegangen. »Die letzte Diensthandlung war echte Tapferkeit und eine Hoffnung zugleich in dieser Welt.« In unserer Zeit sei es notwendig, das Leben nach diesem Vorbild auszurichten. Der Kommandeur der Polizei im Regierungsbezirk Osnabrück, Polizeioberrat Bell, nennt ebenfalls das Leben Brüggemanns ein Vorbild der Treue. In der Trauerrede in der Pfarrkirche würdigt der Priester Hubertus Brandenburg (der spätere Bischof von Stockholm) den Lebensweg des Verstorbenen.

Anschließend wird der Sarg ins osthessische Bad Salzschlierf überführt, in die Heimat von Gisela Brüggemann, der Witwe des getöteten Polizeiobermeisters, die mit ihren vier Kindern wieder in das Haus ihrer Mutter zieht. Sechs Beamte des Polizeiabschnitts Wittlage geben bei der Überführung das Geleit, ehe Brüggemann auf dem Friedhof beigesetzt wird.[185]

In Meyerhöfen bleibt die Erinnerung lebendig: Eine Brüggemannstraße ist nach dem getöteten Ordnungshüter benannt (Abb. 13), und im Flur der Polizeistation Bohmte erinnert ein gerahmtes Bild an den Getöteten (Abb. 14). Ein zum Gedenkstein umfunktionierter Findling, eingerahmt von zwei Hainbuchen, weist neben der Straße »An der Römerbrücke 13« auf den Tatort hin (Abb. 15).

Abb. 13: Die Brüggemann-Straße in Meyerhöfen erinnert an den getöteten Polizisten.

Abb. 14: In der Polizeistation Bohmte erinnert ein Foto an den getöteten Kollegen Heinrich Brüggemann (oben).

Abb. 15: Gedenkstein in Meyerhöfen in Erinnerung an die Tat vom 24. Februar 1966 (unten).

Flucht und Großfahndung

Die Unruhe in der Bevölkerung wächst – und der Erfolgsdruck auf die Osnabrücker Polizei nimmt nach dem zweiten Kapitalverbrechen Fabeyers weiter zu. Sie ändert daher ihre Strategie. Die Verfolgung eines Gewohnheitsverbrechers wird zur Suche nach einem »Polizistenmörder«, und die Soko Fabeyer nutzt eine bisher unbekannte Taktik:[186] Kripo-Chef Waldemar Burghard spricht von »Methoden der Partisanenbekämpfung« und präsentiert einen Tag nach den tödlichen Schüssen in Meyerhöfen seine neuen Überlegungen zur Fahndung mit dem Stichwort »Aktion Jägermeister«; ein Konzept, das sich an den Theorien der asymmetrischen Kriegsführung orientiert.[187]

Hinter dem Begriff »Aktion Jägermeister« verbirgt sich, dass Fahnder, getarnt als Jäger, Waldarbeiter oder Liebespärchen, dort unterwegs sein sollen, wo die Polizei Fabeyer vermutet: an neuralgischen Punkten des Wiehengebirges.[188] Später berichtet Burghard, dass die Aktion zunächst an einem simpel erscheinenden Problem zu scheitern droht: Es fehlen Fahrräder. »Als sie zur Verfügung standen, ergaben sich Transportschwierigkeiten in die Einsatzräume.«[189] Es bleibt nicht die einzige Fahndungspanne. Immerhin gelingt es der Polizei, die Lokalzeitungen in eine Desinformationskampagne einzubinden: Die Blätter, von denen man annimmt, dass Fabeyer sie liest, berichten Fake News und schreiben, die Suche konzentriere sich noch immer auf das Gebiet um den Dümmersee.[190]

Im Vehrter Staatsforst bei Venne entdeckt die Kriminalpolizei ein Nachtlager mit einer Feuerstelle. Ein Mantel und Kleingeld werden gefunden und eine durchschossene Fahrradlampe. An einem Baum hängen zerstörte Flaschen, auf die Fabeyer Zielübungen veranstaltet hat.[191]

Drei Tage nach den tödlichen Schüssen von Meyerhöfen taucht Fabeyer wieder auf: Am Morgen des 27. Februar 1966, einem Sonntag, wird er im Wald nahe Gesmold bei Melle gesichtet, nur wenige Meter von einer Polizeistreife entfernt. Es handelt sich um den Posten 8 der »Aktion Jägermeister«. Doch die beiden Beamten sitzen entgegen den Anordnungen in ihrem Streifenwagen, und so fällt Fabeyer die Flucht leicht. Plötzlich wirft er sein Fahrrad weg und ist schneller.[192] Aus kurzer Entfernung schießt der Gesmolder Ortspolizist mit der Dienstpistole auf den flüchtenden Täter, aber die Kugeln verfehlen ebenso ihr Ziel wie die anschließende Großfahndung. Dafür legen die Funkstreifen eine äußere Absperrung an, die nach und nach mit den Beamten des Einzeldienstes aufgefüllt wird. Schon zu Beginn des Einsatzes stören allerdings Zuschauermassen die Möglichkeiten der Polizei. Von der Bundeswehr fliegt ein Lasthubschrauber vom Typ Sikorsky aus Rheine ein.[193] Auf dem Luftweg bringt er Polizisten schnell an entferntere Orte, doch der Helikopter ist nur begrenzt einsatzbereit, weil die Funkgeräte des Heeres und der Polizei nicht auf der gleichen Welle arbeiten.

Am Mittag konzentriert sich die Aktion auf den Bauernhof Besenkamp in Uphöfen zwischen Holte und Borgloh.[194] Fährtenhunde bringen eine vom Gesuchten stammende Spur bis in den Hof, Abgangsspuren sind nicht zu finden. Also müsste er doch eigentlich hier sein, denkt die Polizei, aber die Durchsuchung bleibt erfolglos – sicher ist nur, dass sich Fabeyer hier aufgehalten hat. Waldgebiete im Raum Gesmold-Borgloh werden durchkämmt und Rehe aufgescheucht.[195] Um 14 Uhr wird die Fahndung abgebrochen.

Am Abend wird im Nettetal nördlich von Osnabrück gefahndet.[196] Am Östringer Weg werden Spuren gesichert. Augenzeugen wollen gesehen haben, wie der Gesuchte in der Nähe der Forellenteiche in gebückter Haltung durch einen Heckengang verschwunden ist. Schaulustige behindern auch hier die Arbeit der Polizisten, die über Funk Autofahrer auffordern, die Straße von Gut Nette durch das Nettetal bis Rulle freizumachen.[197]

Einen Tag später, am 28. Februar, löst die Bielefelder Polizei Großalarm aus.[198] Der pensionierte Polizeibeamte Arthur Will meint, Fabeyer auf einer Bank gesehen zu haben. Zwölf Funkstreifenwagen, 40 Polizei- und 20 Kriminalbeamte beteiligen sich an der Fahndung im Westen der Stadt, ebenso die Bahnpolizei, Funktaxis und drei Polizeihunde. Über Lautsprecherdurchsagen informieren die Fahnder die Bevölkerung. Oetker- und Nordpark, Grün- und Waldanlagen werden abgeriegelt und durchkämmt – vergeblich. Am Tag darauf will ein Gärtner Fabeyer erkannt haben, und die Suche in Bielefeld konzentriert sich auf die Gegend rund um die Sparrenburg.[199] Mit Handscheinwerfern und entsicherten Pistolen dringen Polizisten in unterirdische Gänge der Burg ein und leuchten sie ab – ohne Erfolg.

Fast bei jeder Fahndung entstehen Gerüchte über Gerüchte, und gelegentlich muss die Polizei Verdächtige wieder frei lassen. »Wenn er wirklich überall dort gewesen ist, wo er angeblich aufgetaucht sein soll, dann muß er ständig mit der Straßenbahn unterwegs gewesen sein«, merkt die »Freie Presse« an.[200] Und die Beamten kommen aufgrund unterschiedlicher Personenbeschreibungen zu dem Schluss, es sei fraglich, ob sich der Gesuchte überhaupt in Bielefeld oder Umgebung aufhalte.

Überregionale Medien sind längst auf die intensive und aufwendige, doch nach wie vor erfolglose Suche aufmerksam geworden. Das »Hamburger Abendblatt« nennt Fabeyer einen »Moormörder«; der »Spiegel« berichtet unter der Überschrift »Blut und Bonbons« und stellt griffig fest: »Allen Kniffen seiner Verfolger hat sich der Mordbube bisher gewachsen gezeigt: Die Tage verbringt er wie ein scheues Nachtgetier dösend im Dickicht, erst wenn es dunkel wird, treibt sein Instinkt ihn zur nächsten Untat.«[201] Zivile Aufklärer des Aero-Clubs Osnabrück e.V. unterstützen mit drei Kleinflugzeugen vom Typ Cessna 172 und einer Piper A-12 von der Luft aus die Fahndung, aber auch das führt nicht zum Erfolg.[202]

Die Stimmung ist aufgeheizt. »In einem gnadenlosen Kesseltreiben«, schreibt die Oldenburger »Nordwest-Zeitung«, solle der »›schwere Junge‹ nun endgültig zur Strecke gebracht werden«.[203] Wäre Fabeyer gesehen worden, hätte ihm Selbstjustiz gedroht. Das »Osnabrücker Tageblatt« setzt über und unter einen einspaltigen Fabeyer-Artikel die Aufrufe »Greift ihn!« und »Verurteilt ihn!«, und der Redakteur Hans-Wolfgang Kindervater schreibt:

> *»Wären wir im Wilden Westen, würden die Stunden des Mörders gezählt sein. Die Bevölkerung würde sich an der Jagd nach ihm beteiligen. Sie würde, falls ihnen Bruno Fabeyer in die Hände fiele, ein dickes Hanfseil an den nächsten Baum knüpfen und den Mörder lynchen. Wir wohnen nicht im Wilden Westen. Wir haben daher eine andere Aufgabe: Greift Bruno Fabeyer.«*

Insgesamt fünfmal steht in der Zwischenüberschrift der Aufruf »Greift Bruno Fabeyer«. Der Beitrag endet so:

> *»Und wenn wir ihn endlich aufgegriffen haben, dann wird er sich vor dem Richter und den Geschworenen zu verantworten haben. Bruno Fabeyer, ein Außenseiter unserer Gesellschaft, verdient keine Gnade mehr. Er verdient ein hartes Urteil. Die Bevölkerung will und muß vor Gangstern wie Bruno Fabeyer geschützt werden. Vorerst aber gilt: Greift Bruno Fabeyer.«*[204]

Die »Neue Tagespost« zeigt am 28. Februar auf einem Foto einen Mann, der mit Zigarette auf einem Feldweg steht, ein Gewehr in der Hand, vermutlich ein Jäger. Der Bildtext dazu lautet: »Wenn der Gewaltverbrecher diesem Mann – Bild links – vor den Lauf kommt, soll es kein Entrinnen geben.« In der »Nordwest-Zeitung« heißt es:

»Das Fallbeil des Henkers ist in der Bundesrepublik außer Dienst, sonst würde man Bruno Fabeyer – hätte man ihn! – gewiß genauso aufs Schaffott schicken, wie 1942 seinen wegen Fahnenflucht verurteilten Bruder Fritz.«[205]

Während die Großaktionen weitergehen, grassiert in Hunteburg die Angst. »Einsame Höfe sind verbarrikadiert«, meldet die »Neue Tagespost«.[206] Das »Osnabrücker Tageblatt« legt an diesem Tag noch einmal nach und schreibt:

»Wenn es einen ›Menschen‹ gibt, den die Bevölkerung des Regierungsbezirkes Osnabrück haßt, dann ist es der Mörder und Gewaltverbrecher Bruno Fabeyer, der den Hunteburger Polizeiobermeister Heinrich Brüggemann mit gezielten Schüssen niederstreckte.«[207]

Nur zur Klarstellung: Es ist kein Versehen, dass in diesem Satz das Wort »Menschen« in Anführungszeichen zitiert wird. Genau so steht es im Zeitungsartikel.

Eine »Bruno-Psychose« oder »Fabeyer-Psychose« habe die Öffentlichkeit erfasst, schreiben die »Freie Presse«, das »Osnabrücker Tageblatt« und die »Nordwest-Zeitung«.[208] Der Verbrecher ist das Gesprächsthema Nr. 1 in Osnabrück, »talk of the town«, würde man heute neudeutsch formulieren. Ihm wird bescheinigt, einen »fast tierhaften Instinkt« zu besitzen, weil es ihm gelingt, immer wieder durch die Maschen jenes Netzes zu schlüpfen, in dem man ihn fangen möchte.

Selbst Kinder, so ist zu lesen, spielen nicht mehr Räuber und Gendarm, sondern Fabeyer und Polizei. Und sogar im Theater am Domhof wird der Gesuchte erwähnt: In der Oper »Fra Diavolo« von Daniel-François-Esprit Auber heißt es im Libretto, der Banditenführer halte sich im Wald versteckt. Auf der Bühne fallen die Worte »Wie Fabeyer!«. Mit dem Unterschied, dass in der Oper der berüchtigte Räuberhauptmann Fra Diavolo gefasst wird, Fabeyer aber in Freiheit ist.[209]

Weil die Bevölkerung von der Suche aufgewühlt ist, kursieren schon Fabeyer-Witze, allerdings keine von der besten Sorte. Es sind Kalauer. Zum Beispiel: »Fabeyer hat sich gestellt. Unter einen Baum.« Oder: »Was suchen die Kinder zu Ostern? Antwort: Ostereier. Und was suchen die Erwachsenen? Antwort: Bruno Fabeyer.«[210]

Die »Fabeyer-Psychose« nimmt zuweilen skurrile Formen an. Der niedersächsische Finanzminister Alfred Kubel (SPD) ist Ende März abends mit einem Dienstwagen unterwegs, er kommt von Osnabrück und sein Fahrer will in Herford auf die Autobahn und dann weiter Richtung Hannover fahren.[211] Aber in einer scharfen Kurve in der Ortschaft Küingdorf südlich von Melle landet der Wagen im Graben, wie zuerst das »Meller Kreisblatt« berichtet. Kubel begibt sich in der Dunkelheit zum nächsten Bauernhof, wo er Licht sieht, und klopft ans Fenster. Die Bäuerin erschrickt heftig und denkt sofort an Fabeyer. Es braucht einige Zeit, bis es dem Minister gelingt, die Hausbewohner zu überzeugen, dass er kein Straftäter auf der Flucht ist. »Der Finanzminister wird … überdeutlich erlebt haben, daß in unserem Landkreis noch immer die Fabeyer-Furcht grassiert«, stellt der Autor des Berichts fest. Der »Spiegel« greift den Vorfall auf und macht ihn dadurch überregional bekannt.[212]

Zwischenzeitlich wird in den Zeitungen schon spekuliert, Fabeyer könne gestorben sein, weil seit einigen Tagen im Osnabrücker Raum keine heiße Spur festzustellen ist und niemand mehr Einbrüche mit der für ihn typischen Vorgehensweise meldet.[213] Das »Meller Kreisblatt« schreibt am 5. März:

> *»Große Hoffnung vieler: Hoffentlich ist Bruno Fabeyer, diese Bestie in Menschengestalt, dieser eiskalte, gerissene Polizisten-Mörder, wirklich tot. … Ein Mann, nein, eine Bestie, die schießt, wenn sie glaubt, daß es ›brenzlig‹ wird.«*[214]

Auch in diesem Bericht wird Fabeyer wieder abgesprochen, ein Mensch zu sein. Eine Hundertschaft von Braunschweiger Polizisten, so erfahren die Leser, wirkt an der Fahndung mit. Die Männer sind in der Meller Jugendherberge stationiert.

Am 3. März startet eine Großfahndung im Raum Wellingholzhausen, denn ein Mädchen will Fabeyer auf dem Fahrrad gesehen haben, und eine Verwechslung hält sie für ausgeschlossen.[215] Die Hundertschaft der Braunschweiger Polizei rückt aus, dazu Polizisten aus Hamburg und Osnabrück, Spürhunde und ein Hubschrauber. Waldstücke bei Peingdorf, Vessendorf und um Wellingholzhausen werden am Nachmittag stundenlang systematisch durchkämmt, Polizeiautos und Kradfahrer brettern bis zur Dunkelheit durch die Wälder. Erneut erschweren Schaulustige mit ihren Autos die Fahndung.

Nach den Schüssen von Meyerhöfen hat Fabeyer seine Diebestour im Osnabrücker Land fortgesetzt, doch das ändert sich jetzt. Die Ermittler stellen in diesen Tagen fest, dass der Serientäter sein Tätigkeitsgebiet in Richtung Süden verlegt: Am 1. März 1966 wird der Polizei ein Einbruchsdiebstahl aus Stukenbrock südlich von Bielefeld gemeldet, am 4. März einer nordwestlich von Paderborn und am 8. März einer in Bad Driburg. Das Vorgehen und die Beute – Fahrräder, Lebensmittel und Bargeld – passen zu

Fabeyers Arbeitsweise.[216] Die neuen Tatorte sind erstmal ungünstig für die Osnabrücker Kripo, denn nun sind nicht mehr die Ordnungskräfte in Niedersachsen zuständig, sondern die Kollegen in Nordrhein-Westfalen.[217] Fabeyer profitiert davon, dass die Polizeiarbeit im föderalistischen deutschen System eine Angelegenheit der Bundesländer ist. »Landesgrenzen waren für die Polizei noch richtige Schranken«, schreibt Waldemar Burghard rückblickend.[218]

Die Leitung der Osnabrücker Kripo versucht, eine überregionale Fahndung zu organisieren, aus der Überzeugung heraus, dass nicht alle Beteiligten sämtliche Fehler erneut machen müssen. Und so versammeln sich am 11. März in Detmold Beamte aus Nordrhein-Westfalen, Niedersachsen und Hessen. »Mit der Beharrlichkeit eines texanischen Ochsen« habe er dieses Treffen zustande gebracht, merkt Burghard später an.[219] Die Polizisten verständigen sich auf ein mobiles Einsatzzentrum als Anlaufpunkt. Die Kriminalbeamten sollen getarnt als Jäger, Waldarbeiter, Landstreicher und Pfadfinder durch den Wald streifen. Die Weisungsbefugnis, so wird vereinbart, erhalten die Osnabrücker Experten.[220] Nochmals kommen die Methoden der Partisanenbekämpfung zum Einsatz. So wird das Konzept nach einem Auftritt Fabeyers in Warburg angewandt.

Doch dann bringt Innenminister Willi Weyer (FDP) aus Düsseldorf juristische und grundsätzliche Bedenken gegen die Mitarbeit von Beamten aus einem anderen Bundesland vor. Zäh wird verhandelt, dann zeichnet sich als Lösung ab, dass Nordrhein-Westfalen im Regierungsbezirk Detmold eine eigene Soko Fabeyer aufstellt und der Leiter der bestehenden Soko in Osnabrück als Beobachter zu ihr berufen wird.[221]

Da ist eine Woche verstrichen und Fabeyer längst in Richtung Hessen entwischt.[222] »Ich war wie ein Luchs, wie ein Fuchs«, sagt er nach seiner Festnahme bei der Vernehmung. »Ich konnte genau unterscheiden, ob ein Geräusch von einem Stück Wild und welcher Art Wild kam, oder ob sich ein Mensch in der Nähe aufhielt.«[223] Dazu passt die Überschrift der »Bild am Sonntag« über einem Bericht: »Er lebt wie ein wildes Tier.«[224] Und Kripo-Chef Burghard wird so zitiert: »Fabeyer ist wie ein Fuchs, der in den frühen Morgenstunden aus einem Versteck hervorkommt.«[225]

Über sein Verhalten in den Wäldern sagt er, dass er bald ohne Rücksicht auf seine Müdigkeit in der Lage gewesen sei, zu einer festen Zeit aufzuwachen, wenn er sich das vorgenommen habe. Die Geräusche zwischen den Bäumen konnte er demnach mit absoluter Sicherheit deuten.[226] Es ist ihm wichtig, keine Spuren zu hinterlassen. Daher wählt er feste Wege, Gras oder Waldboden, nicht aber lockeren Boden. Wenn sich dennoch Fußabdrücke nicht vermeiden lassen, geht er rückwärts, um Verfolger zu täuschen.

Gelegentlich sucht Fabeyer Gaststätten auf und nimmt eine Mahlzeit ein. Stets setzt er sich mit dem Rücken zur Wand und behält Wirte und Gäste im Auge. Schon bei der kleinsten Auffälligkeit verlässt er sofort das Lokal. Mit dem Fahrrad ist er nur nachts oder in der Dämmerung unterwegs.[227]

Bald aber bewegt sich Fabeyer nicht allein mit dem Rad, sondern auch per Anhalter. Oder er setzt sich in einen D-Zug – so kann er sich nach den Einbrüchen weit von den Tatorten entfernen.[228] Im gestohlenen Anzug reist er durch das Land, bricht in Paderborn, im südniedersächsischen Northeim und in München in Häuser ein und zieht sich dann in die Wälder zurück.[229]

Die Soko Fabeyer ruft die Öffentlichkeit dazu auf, sich an der Suche nach dem Mann zu beteiligen, der auf den Fahndungsplakaten mit »etwa 40 Jahre alt, 1,75 m groß, schlanke Figur, mittelblondes Haar, blaugraue Augen« beschrieben wird. Hinweise auf ausgeprägte Falten von der Nase zu den Mundwinkeln und eine zwei bis drei Zentimeter lange Narbe über dem linken Auge ergänzen diese Beschreibung, zudem wird auf einen Sprachfehler und häufig wechselnde Bekleidung aufmerksam gemacht. 6000 DM Belohnung sind auf Fabeyer ausgesetzt, davon 5000 DM vom Ersten Oberstaatsanwalt bei dem Landgericht Osnabrück und 1000 DM von der 1500 Einwohner zählenden Gemeinde Gretesch. Das Geld ist ausschließlich für Personen aus der Bevölkerung bestimmt »und nicht für Beamte, zu deren Berufspflicht die Verfolgung strafbarer Handlungen gehört«, wie auf dem Fahndungsplakat erklärt wird (Abb. 16). Es wird in einer Auflage von 22 000 Exemplaren in Deutschland verbreitet.[230] »MORD an einem Polizeibeamten« steht in großen Buchstaben auf dem Plakat, ohne den Zusatz »mutmaßlicher Täter«, auch wenn im Ermittlungsverfahren die Unschuldsvermutung gelten muss und längst nicht erwiesen ist, dass es sich juristisch um einen Mord handelt.[231]

Deswegen trifft ein Beschwerdebrief eines Mannes aus Göttingen bei der Osnabrücker Staatsanwaltschaft ein, in dem es zu Recht heißt: »Dem Fahndungszweck hätte genügt, den Gesuchten als dringend der Tat verdächtig zu bezeichnen.« Staatsanwalt Walter Hunger stimmt der Kritik im Antwortschreiben kleinlaut zu: »Ich verneine nicht, dass es dem Fahndungszweck genügt hätte, den Gesuchten als ›dringend verdächtig‹ zu bezeichnen, und nehme mich Ihres diesbezüglichen Hinweises gern an.« Und in bürokratischer Formulierung führt er aus: »Im Falle künftiger Notwendigkeit soll eine diesbezügliche Korrektur sehr wohl in Erwägung gezogen werden.«[232]

6000 DM Belohnung

MORD

an einem Polizeibeamten

GESUCHT

BRUNO FABEYER

geb. 4. 6. 1926 in Osnabrück

Er hat am 29.12.65 den Postbeamten Alois Broxtermann durch einen Bauchschuß lebensgefährlich verletzt und am 24.2.66 den Polizeiobermeister Heinrich Brüggemann durch fünf Schüsse ermordet.

FABEYER begeht serienmäßig Nachschlüssel- und Einbruchsdiebstähle in Bauerngehöfte, Wohnhäuser in Stadtrandgebieten, Lebensmittelgeschäfte und Gaststätten in ländlichen Gemeinden.

Fahndungshinweise:

Er hält sich vornehmlich in Waldgebieten auf und zieht mit gestohlenen Fahrrädern (besonders Damenfahrrädern) umher,

er kauft Lebens- und Genußmittel in ländlichen Einkaufsstätten (vor allem Fischkonserven und Süßigkeiten),

er ist magenkrank und besorgt sich entsprechende Medikamente (Nervogastrol, Masigel, Kohlegranulat u. ä.) in ländlichen Apotheken,

er kauft sich Kleinkalibermunition in ländlichen Verkaufsstätten.

- etwa 40 Jahre alt
  (das Lichtbild wurde vor 10 Jahren hergestellt)
- 1,75 m groß
- schlanke Figur
- mittelblondes Haar
- blaugraue Augen
- ausgeprägte Falten von der Nase zu den Mundwinkeln
- 2-3cm lange Narbe über dem linken Auge
- Sprachfehler - hält beim Sprechen an
- wechselt häufig seine Bekleidung

Für Hinweise, die zur Ergreifung des FABEYER führen, sind vom Ersten Oberstaatsanwalt bei dem Landgericht Osnabrück 5000 DM und von der Gemeinde Gretesch (Landkreis Osnabrück) 1000 DM als Belohnung ausgesetzt. Die Zuerkennung und Verteilung erfolgen unter Ausschluß des Rechtsweges. Sie ist ausschließlich bestimmt für Personen aus der Bevölkerung und nicht für Beamte, zu deren Berufspflicht die Verfolgung strafbarer Handlungen gehört. Hinweise, die auf Wunsch auch vertraulich behandelt werden, nimmt jede Polizeidienststelle entgegen.

Der Erste Oberstaatsanwalt in Osnabrück

Osnabrück, 14. März 1966

Abb. 16: In einer Auflage von 22 000 Exemplaren wurde das Fahndungsplakat in Deutschland verbreitet.

Seine charakteristischen Arbeits- und Verhaltensweisen beschreibt die Soko Fabeyer der LKP-Stelle Osnabrück in Sonderbeilagen zum Bundeskriminalblatt und wortgleich zum niedersächsischen Landes-Kriminalblatt im Mai 1966. Unter der Überschrift »Flüchtiger Mörder und Dieb« und »Nachschlüsseldieb und Mörder« ist zu lesen:[233]

> *»Nachschlüsseldiebstähle aus alleinstehenden Bauerngehöften, ländlichen Gaststätten und Lebensmittelgeschäften und alleinstehenden Wohnhäusern in Stadtrandgebieten oder Streusiedlungen; sucht häufig mehrere örtlich eng zusammenliegende Objekte auf. Falls Anwendung des Nachschlüssels nicht erfolgreich, in einigen Fällen auch Einschlagen von Fensterscheiben und Aufriegeln der Fenster festgestellt.*
> *Tatzeiten zwischen 0.00 Uhr und 03.00 Uhr, danach größerer Ortswechsel (gelegentlich bis zu 40 km).*
> *Tatorte werden nur mit Fahrrädern aufgesucht, die in beabsichtigter Fluchtrichtung am Grundstück abgestellt werden (F. entwendete aber völlig systemlos am Tatort ein anderes Fahrrad und ließ das mitgeführte, recht oft viel brauchbarere zurück).*
> *Verzehr von Lebensmitteln am Tatort, besonders aber Süßwaren und Delikatessen.«*

Hier fügt die LPK-Stelle Osnabrück einen kurios klingenden Zusatz an: »Trinkt rohe Eier aus, öffnet Obstkonserven, ißt Puddingschalen leer.«

Bei den Ortsangaben zum Fluchtweg führen die Fahnder für Anfang März auf: Stukenbrock, Hövelhof und Sande im Kreis Paderborn (1. und 4. März), Bad Driburg im Kreis Höxter (8. März), Obermeiser und Westuffeln im nordhessischen Kreis Hofgeismar (10. März) und Volkhardinghausen im Kreis Waldeck (22. März). In den Wochen danach verliert sich die Spur.

Die Überschriften formulieren das »Osnabrücker Tageblatt« und die »Neue Tagespost« in diesen Monaten deshalb oft in Frageform, zum Beispiel: »Ist Polizistenmörder Fabeyer tot?«, »War Fabeyer an der Viehtränke?« (am 3. März) oder »Entkam Bruno Fabeyer wiederum der Polizei?« (am 5. Mai). Zu dem zuletzt genannten Bericht bezieht Kripo-Chef Burghard in einem Leserbrief Stellung. Spürbar genervt wirft der Ermittler dem Journalisten »unqualifizierte Gedankengänge« vor, weil dieser der Kriminalpolizei die zeitweilige Vermutung unterstellt hatte, Fabeyer sei eines natürlichen Todes gestorben. Burghard geht auch auf eine Fahndungsaktion in Warburg und einen Einbruch in ein Bauernhaus ein, der laut Zeitungsbericht Fabeyers Handschrift erkennen ließ. Zu der Anmerkung, in einer Scheune seien die Überbleibsel einer Forellenmalzeit gefunden worden, merkt der Kripo-Chef an:

> *»Nichts sonst deutete auf Fabeyer, dessen Lieblingsspeise auch nicht Fische sind, sondern Süßspeisen. Zur Not behilft er sich allerdings mit Fischkonserven. Forellen wären jedenfalls absolut neu in seinem Speiseplan.«*[234]

Und weiter heißt es:

> *»Möglicherweise macht Fabeyer jetzt wahr, was die Osnabrücker in niedlicher Glossierung der Berichte über ihn sagen, daß er nämlich nur noch in Socken umherliefe, weil er es leid ist, dauernd alles in die Schuhe geschoben zu bekommen.«*

Burghard äußert sich ebenfalls zu dem zehn Jahre alten Fahndungsbild, mit dem »die Polizei unverständlicherweise noch immer operiert«, wie das »Osnabrücker Tageblatt« kritisiert hat, verbunden mit der Anmerkung, es könne mit einigen Strichen so verändert werden, »daß es dem gegenwärtigen Aussehen des Gewaltverbrechers genau entspricht«. Der Kripo-Chef erklärt, dieses Bild sei dem Bewachungspersonal der Straf- und Sicherungsanstalt in Celle, Fabeyers ehemaligen Zellengenossen und nahen Verwandten vorgelegt worden. Alle hätten gesagt, die Aufnahme sei nach wie vor zutreffend und brauchbar, »wenn auch die Mundnasenfalten jetzt vielleicht ein wenig ausgeprägter seien«.[235] Abschließend macht Burghard deutlich, wie schwierig es ist, die unterschiedlichen, widersprüchlichen Hinweise aus der Bevölkerung zu berücksichtigen:

> *»Einmal soll er im Gesicht runder, ein anderes Mal schmaler, einmal die Lippen wulstiger, die Ohren abstehender oder die Haare viel heller und auch nicht gewellt sein. Schließlich muß Fabeyer – wenn die Zeugen sich nicht irren – gelegentlich eine blendende Glatze zur Schau tragen, hin und wieder schielen und sich inzwischen ein pockennarbiges Gesicht zugezogen haben. Können Sie uns einen Zeichner benennen, der an Hand dieser Angaben unser Fahndungsfoto ›mit einigen Strichen‹ so verändert, daß in Zukunft keinerlei Zweifel an der Personenidentität aufkommen kann?«*

Hier schwingt Frust mit, denn der Kripo ist es trotz eines immensen Fahndungsaufwands selbst nach Monaten nicht gelungen, den verschwundenen Verbrecher zu fassen. In den Zeitungsberichten über den Gesuchten bleiben daher die Fragen in den Überschriften: »Tauchte Fabeyer in Wuppertal auf?« (3. Juni) oder »Fabeyers Doppelgänger täuscht die Polizei – Wo aber steckt Bruno Fabeyer?« (10. August). Und weil Neuigkeiten ausbleiben und das Interesse außerhalb der Region Osnabrück an dem Fall mittlerweile eher gering ist, erscheinen bald keine Artikel mehr. Die Beamten der Soko Fabeyer sind wieder in den normalen Dienstbetrieb eingegliedert.

Am 24. August schreibt der Generalstaatsanwalt der DDR an den Generalstaatsanwalt beim Oberlandesgericht Oldenburg, es werde vermutet, Fabeyer habe sich in die DDR begeben.[236] Aus diesem Grund habe er veranlasst, dass dort ebenfalls nach ihm gefahndet werde. Die Fahndungsmaßnahmen laufen demnach seit Ende Juli. Der Generalstaatsanwalt der DDR empfiehlt seinem Kollegen in Oldenburg, über die im Osten Deutschlands eingeleiteten Fahndungsmaßnahmen nichts verlautbaren zu lassen. Der Osnabrücker Staatsanwalt Walter Hunger reagiert darauf, indem er dem Generalstaatsanwalt im Osten Berlins drei Ausfertigungen des Haftbefehls, Fotokopien von Fingerabdrücken und ein Fahndungsplakat schickt. Damit verbindet er die Bitte, »den Beschuldigten im dortigen Fahndungssystem zur Festnahme ausschreiben zu lassen« und ihn im Fall der Ergreifung vorläufig festzunehmen. Beamte der Kriminalpolizei Osnabrück stünden »binnen weniger Stunden bereit, den Beschuldigten an der Grenze zu übernehmen«.[237]

Der Kontakt zu dem Serien-Einbrecher reißt für einige Zeit ab. Dann ertönt am 26. August 1966 ein Jubelschrei im Gebäude der Osnabrücker Kripo. Denn über Umwege erfahren die Beamten, dass sich der Gesuchte in Bayern aufhält. Eine Ausschreibung im Bayerischen Kriminalblatt fällt ausgerechnet einem Beamten der Hamburger Fahndung in die Hände, der die LKP-Stelle in Osnabrück informiert. Demnach bittet die Landespolizeistation im oberbayrischen Wolfratshausen um Hinweise auf einen Täter zu einem Einbruchsdiebstahl, der Fabeyers Handschrift trägt. Es stellt sich jedoch heraus, dass er diese Straftat nicht begangen hat. Die Polizei ermittelt den wirklichen Täter.[238]

Trotzdem freut sich die Kripo in Osnabrück, denn das Bayerische Landeskriminalamt setzt ein Team an die Auswertung sämtlicher Meldungen über Straftaten unbekannter Einbrecher, die Fabeyers Vorgehen gleichen.[239] Und das Landeskriminalamt fordert alle Polizeidienststellen im Bundesland auf, über bisher nicht gemeldete Straftaten zu informieren. Noch einmal vergleichen die Bayern die Fingerabdrücke an den Tatorten mit denen Fabeyers – und werden fündig: Der Flüchtige hat am 8. April in

Gaissach einen Einbruch begangen, einem Ort im oberbayerischen Landkreis Bad Tölz zwischen Starnberger See und Tegernsee, und einen weiteren am 25. August in Welden im Landkreis Augsburg.

Angeblich bedient sich Fabeyer nun eines Säckchens voller Markstücke, die ihm bei einem Einbruch in die Hände gefallen sind, und versorgt sich so aus Lebensmittelautomaten. Wenn ein nach der Festnahme im »Hamburger Abendblatt« veröffentlichter Bericht zutrifft, dann sorgen die Polizeibeamten, die ihn zu dieser Zeit in aller Stille verfolgen, dafür, dass die Automaten nicht wieder gefüllt werden.[240] Ein Versuch, Fabeyer so aus seinen Verstecken in den Alpen zu locken.

Der Flüchtende zieht daraus und aus Berichten in den Tageszeitungen die Konsequenz: Im September weicht er über die grüne Grenze nach Österreich aus und bleibt dort bis Mitte Oktober. Nach eigenen Angaben unternimmt er dann einen dreitägigen Abstecher nach Jugoslawien.[241] Die deutschen Polizisten, so sagt er später, »waren mir viel zu wild geworden, die sollten sich erst mal wieder beruhigen«.[242] Bald kehrt der Einbrecher nach Bayern zurück, in die Gegend von Augsburg. Von dort flüchtet er in ein Waldgebiet bei Schloss Linderhof in Oberbayern. »Hier war ich sicher. In das Jagdgebiet von Fürsten und Regierungsmitgliedern traut sich die Polizei nicht so schnell«, sagt Fabeyer nach seiner Festnahme den Ermittlern.[243]

Dann zieht er nach Hessen. Er schlägt in der Nacht zum 29. Oktober in Weiskirchen im Kreis Offenbach ein Kellerfenster ein, durchsucht die Wohnung und das Geschäft eines Lebensmittelhändlers an der Seligenstädter Straße und nimmt Bargeld aus der Ladenkasse.[244] Als Nachbarn ihn stören, verschwindet er mit einem Fahrrad. Am Tatort zurück lässt er ein abgesägtes, verkürztes Kleinkalibergewehr der Marke »Voere Kufstein«, das er sich in Detmold gekauft hat; die Waffe wird geladen und entsichert gefunden.[245] Die Polizei leitet Fahndungsaktionen im Rhein-Main-Gebiet ein, die Suche endet jedoch erfolglos.[246]

Die »Voere Kufstein« lässt die hessische Kriminalpolizei beim BKA in Wiesbaden untersuchen. Ein wissenschaftlicher Mitarbeiter findet durch Vergleichsmunition heraus, dass es sich um das Gewehr handelt, mit dem Fabeyer im Februar den Polizisten Brüggemann erschossen hat – das »Mordgewehr«, wie das »Osnabrücker Tageblatt« am 23. Dezember schreibt (Abb. 17). 44 Zentimeter Länge misst die Waffe, und sie hat einen abgegriffenen, zu einem Pistolenknauf gehobelten Kolben. Auf dem Lauf steht die Aufschrift des Herstellers »Voere Kufstein/Austria« und die Nummer 100 1/70. Das Kaliber beträgt 5,6 Millimeter.[247]

Veränderte Tatwaffe VOERE Kufstein/Austria Nr. 100170
Mord z.N.POM Brüggemann u.a.

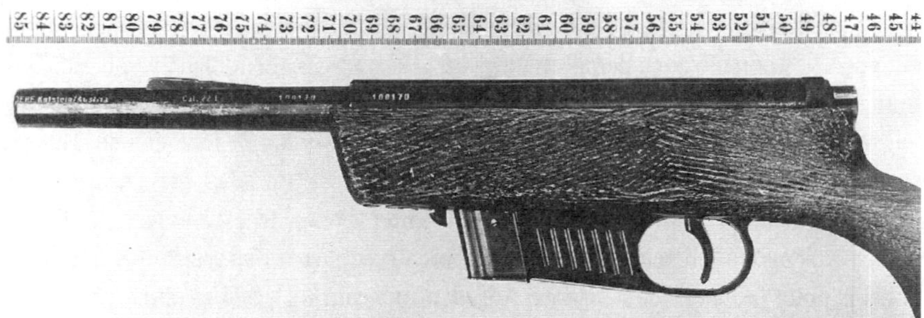

Abb. 17: Die Tatwaffe: Ein Gewehr des Herstellers »Voere«, Kaliber 5,6 Millimeter.

Am 12. November wird Fabeyer angeblich in einer Gastwirtshaft im nordhessischen Ort Allendorf/Eder gesehen. Er bestellt ein Glas Bier und zieht am Automaten Zigaretten, wie die Polizei vermerkt. Das Bier trinkt er auf ex aus und verschwindet dann sehr schnell. »Während des Aufenthalts in der Gaststätte machte er einen unruhigen Eindruck«, heißt es in den Akten.[248] Und auch jetzt taucht immer wieder der Verdacht auf, Fabeyer könne hier und dort gewesen sein.

Fabeyer selbst erwägt in dieser Zeit, erneut ins Ausland auszuweichen, lässt diesen Plan aber fallen – ihm fehlen die nötigen Sprachkenntnisse. Stattdessen fährt er mit der Bundesbahn nach München, Hamburg, Würzburg, Frankfurt und Kassel. Um die Weihnachtszeit 1966 wird es für einige Wochen ruhig um ihn, die Spur verliert sich.

Die lokalen Medien sind jedoch nach wie vor an der Berichterstattung interessiert. Der Journalist Dieter Sommer vom »Osnabrücker Tageblatt« wendet sich am 12. Januar 1967 an den niedersächsischen Justizminister Gustav Bosselmann (CDU) mit der Bitte, Akten über bisherige Straftaten des Gesuchten lesen zu dürfen. »Für eine Fortsetzungs-Veröffentlichung über den Schwerverbrecher Bruno Fabeyer, die allerdings erst nach seiner hoffentlich bald erfolgten Ergreifung gedruckt werden soll, benötigen wir Unterlagen über die früheren bereits abgeurteilten Strafverfahren des F. und sein

Verhalten während der Strafverbüßung«, heißt es in dem Brief. Die Osnabrücker Staatsanwaltschaft hatte der Redakteur vorher vergeblich angefragt. Auch der Justizminister erteilt ihm eine Absage und verweist an die Staatsanwaltschaft in Osnabrück.[249]

Anfang Februar 1967 wird der Gesuchte in Südhessen vermutet.[250] Die Polizei stützt ihre Annahme darauf, dass in Gemeinden des Odenwalds in abgelegenen Waldhütten, Wochenendhäusern und Gaststätten zahlreiche Einbrüche verübt worden sind, die eindeutig Fabeyers Handschrift tragen.[251] Mit Lautsprecherwagen warnt die Polizei die Bevölkerung vor dem Berufsverbrecher und fordert sie auf, Hinweise sofort der nächsten Polizeidienststelle zu melden. Der Hessische Rundfunk zeigt im Regionalfernsehen das Fahndungsbild, und ein Bürgermeister drückt einem Bettler, der sich später als Fabeyer erweist, zwei Mark in die Hand, aus Mitleid mit dem heruntergekommenen Mann. Bei Gammelsbach, in der Nähe von Michelstadt, löst die Polizei eine Großfahndung mit Hubschraubern aus. In diesem waldreichen Gebiet laufen nur wenige Kilometer entfernt die Grenzen der Bundesländer Hessen, Bayern und Baden-Württemberg zusammen.[252]

Das Magazin »Stern« nimmt Berichte über die Fahndungen zum Anlass für die dreiteilige, reich bebilderte Serie »Deutschland deine Kripo«. Sie startet mit Heft 7 vom 12. Februar 1967 und schildert die vergeblichen Bemühungen der deutschen Kriminalpolizei, Fabeyer zu fassen. Einer der beiden Autoren, die Edelfeder Jörg Andrees Elten, macht sich später als Reporter in den 1970er Jahren einen Namen mit dem Bestseller »Ganz entspannt im hier und jetzt« über Bhagwan Shree Rashneesh im indischen Poona. Elten »deckte die föderalen, bürokratischen und menschlichen Strukturen auf, die es Fabeyer ermöglichten, die Polizei buchstäblich zum Narren zu halten«, lobt ihn Burghard rückblickend.[253] »Obwohl dieser Artikel nur etwa zur Hälfte Wahrheiten brachte, zur anderen Hälfte polemisierte, hatte er doch einen bestechenden Vorteil: Er rüttelte wach.«[254]

Das Magazin löst mit seiner überregionalen Berichterstattung eine Debatte über die Polizeiarbeit und mögliche Fehler aus, und bei der Soko Fabeyer der LKP-Stelle Osnabrück treffen Nachrichten über jede Aktion gegen Fabeyer ein: Erfahrungsberichte, Zeitungsartikel, Hinweise auf Fernsehfahndungen, auf echte und vermeintliche Straftaten. »Nach genau einem Jahr war das eingetreten, worum wir bis dahin verzweifelt und erfolglos gekämpft hatten«, freut sich Waldemar Burghard: »Die Soko Fabeyer war zur zentralen Stelle aller Aktionen gegen Fabeyer geworden!« Und: »Alle Ländergrenzen schienen wie weggewischt.«[255]

Einen Tag nach dem »Stern«-Bericht, am 20. Februar, wird im Raum Fulda eine Serie von Einbruchsdiebstählen gemeldet, mit dem für Fabeyer üblichen Vorgehen. An einem Tatort werden seine Fingerabdrücke festgestellt. Wieder folgen Berichte in Zeitungen und im Fernsehen, erneut beginnt die Polizei eine Großaktion bis zum 23. Februar unterhalb der Rhön, in den Kreisen Lauterbach, Hünfeld und Hersfeld. Bereitschaftspolizisten sind im Einsatz, Beamte durchkämmen ein acht Quadratkilometer großes Waldstück und setzen Suchhunde ein. Hubschrauber fliegen über das riesige Waldgebiet, Einheiten des Bundesgrenzschutzes beteiligen sich.[256] Die Deutsche Presse-Agentur meldet, Fabeyer sei erkannt worden, als er in einer Apotheke in Heringen im Kreis Hersfeld Magentabletten gekauft habe.[257]

Der Regierungspräsident in Kassel bittet die Osnabrücker Beamten, an einer Besprechung teilzunehmen, um die »Aktion Jägermeister« in seinem Regierungsbezirk zu starten. Für den nächsten Tag hat er in der nordhessischen Großstadt einen Termin angesetzt – für den 24. Februar 1967, den Tag, an dem sich die tödlichen Schüsse auf Polizeiobermeister Brüggemann jähren. Deshalb bringt das »Osnabrücker Tageblatt« auf einer Sonderseite eine ausführliche, kritische Betrachtung zur erfolglosen Fahndung der Polizei.[258]

Einen Ansatzpunkt, um den Gesuchten zu fassen, sieht der Autor Dieter Sommer im Magenleiden Fabeyers:

> *»Auf Grund von Hinweisen in der Apotheker-Zeitung haben sich in den letzten Wochen die Meldungen vermehrt, daß ein Verdächtiger ein bestimmtes Magenmittel gekauft hat. Selbst wenn man unterstellt, daß eine ganze Reihe von falschen Meldungen unter diesen Hinweisen ist, so darf doch mit einiger Wahrscheinlichkeit angenommen werden, daß Fabeyer von diesem Spezialmittel tatsächlich größere Mengen gekauft und verbraucht hat. Dieser Umstand läßt auf einen schwachen Gesundheitszustand schließen. Der Bedarf an Medikamenten zwingt ihn aber auch, in gewissen Zeitabständen die schützenden Wälder zu verlassen und Orte mit Apotheken aufzusuchen.«*

Fabeyer selbst beschreibt die Situation jener Tage rückblickend so:

> *»So ab Mitte Februar waren sie in Fulda am Herumgurken. Da bin ich nach Kassel gefahren. So ungefähr am 20. war ich morgens noch in einer Kirche und habe*

gebetet› Herrgott, beschütze mich, daß sie mich nicht packen. Dann las ich in einer Zeitung, ich glaub', es war in der Abendpost oder so einem Käseblatt, daß eine Apothekerin in Heringen mich erkannt hätte, als ich Nervogastrol kaufte. Hab' ich vielleicht gelacht! Da war ich nie gewesen. Na, denk' ich, wart mal, was die jetzt machen. Bin ins Kino gegangen und nachts zu den Segelfliegern.«[259]

Die Festnahme in Kassel

Am Morgen des 24. Februar 1967 macht die Gastwirtin Hildegard Neugebauer beim Stadtbummel in der Kasseler Innenstadt einen Abstecher in die Kaufhalle an der Oberen Königsstraße, um für ihren Sohn Buntstifte zu kaufen. Kurz nach 9 Uhr betritt sie den Erfrischungsraum und erkennt unter den Gästen einen Mann im grünkarierten Hemd, dessen Bild die Frau in Tageszeitungen und im Fernsehen gesehen hat: Es ist Bruno Fabeyer.[260] Sofort unterrichtet die 45-Jährige die Polizei – und um 9.24 Uhr klingelt das Notruftelefon der Funkwagenleitstelle. Hildegard Neubauer sagt ihnen, dass der Gesuchte Milch trinkt und eine Bockwurst isst. Vier Beamte einer Funkstreife eilen vom Altmarkt los. »Schutzwesten kannten wir damals nicht und es gab auch noch kein SEK«, sagt Jahre später einer der Polizisten.[261] Für die Presse werden Fotos von der Festnahme mit Beamten des 1. Reviers später nachgestellt.

Während Fabeyer gefasst wird, sind Kripo-Chef Burghard und Kriminalhauptmeister Werner Schröder von der Soko Osnabrück in Kassel unterwegs zu der erwähnten Einsatzbesprechung, die für 10 Uhr beim Regierungspräsidenten angesetzt ist. Direkt vor der Kaufhalle hören auch sie den Funkspruch, mit dem die Polizisten in Marsch gesetzt werden.

Die Kasseler Beamten ergreifen Bruno Fabeyer auf der Warenhaustoilette und nehmen ihm seine Waffe, ein abgesägtes Kleinkalibergewehr, ab. Widerstand leistet er nicht. Nach 573 Tagen endet damit die Flucht des Waldmenschen, genau ein Jahr nach den tödlichen Schüssen in Meyerhöfen.[262] Zwei Aspekte sind bemerkenswert: Fabeyer wird nicht in einem Waldgebiet festgenommen, sondern in einer Großstadt, und es ist nicht ein Polizeibeamter, der ihn dank der »Aktion Jägermeister« oder anderer Fahndungsmethoden entdeckt und gefasst hat, vielmehr eine Gastwirtin. Kurze Zeit war der flüchtige Straftäter unaufmerksam, nun wird er in Handschellen abgeführt. Fabeyer selbst sagt über seine Festnahme später in der Vernehmung:

> *»Am 24. 2. 1967 dachte ich: frühstückst du noch eben und dann mußt du mal wieder die Platte putzen. Mit dem nächsten Zug wäre ich ins Sauerland gefahren. Sitz ich da und kau so für mich hin, guckt mich doch eine Frau an. Ich denke: Quatsch, die schlafen doch alle noch. Siehste, und das war mein Fehler. Zack, zack, waren zwei Bullen da. – Aus der Traum, Bruno.«*[263]

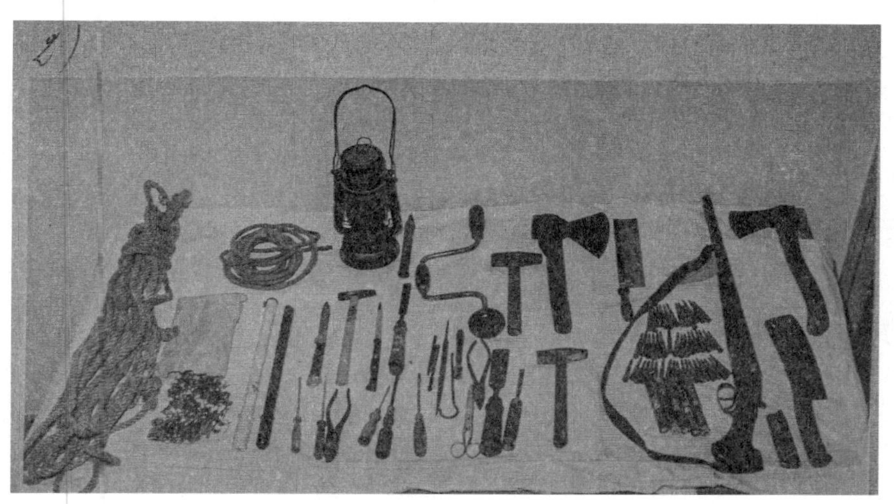

Abb. 18: Einbruchs-Werkzeug (oben).

Abb. 19: Fabeyers Beute: Fischdosen, Flaschen, Zigarettenschachteln, Geldbörsen und weitere Gegenstände (unten).

In seinen Taschen findet die Polizei Geldbörsen und Munition, ein Klappmesser, einen Dietrich und eine Taschenlampe. Im Schließfach des Kasseler Bahnhofs hat der Verbrecher weitere Ausrüstungsgegenstände und Beute verwahrt (Abb. 18 und 19).[264]

Wie erwähnt, stellten die Beamten auch das Gewehr sicher. Es handelt sich um ein an Lauf und Schaft verkürztes Kleinkalibergewehr, Marke »Voere«, Kaliber .22 lfB (lang für Büchse) Nr. 284575, mit zwei Magazinen und einem selbstgefertigten Schulterhalfter aus grünem Planleinen – eine Waffe, von der Fabeyer sagt, er habe sie in einem Münchner Waffengeschäft gekauft.[265] Zur Erinnerung: Es ist das dritte Gewehr, das er auf seiner Flucht bei sich trägt.[266] Fabeyer hat es wie das erste verkürzt, so dass der Lauf statt 55 noch 19 Zentimeter lang ist.[267] Das erste hat er in Osnabrück erworben und nach den Schüssen auf Heinrich Brüggemann in Jeggen weggeworfen, das zweite in Detmold gekauft und in Weiskirchen im Kreis Offenbach zurückgelassen.

Cheffahnder Burghard trifft Fabeyer um 11.15 Uhr in einer Zelle der Polizeihaftstation Kassel, wo der Gesuchte, an beiden Händen gefesselt, auf einer Pritsche sitzt. Die Kripo überführt den endlich gefassten Täter im Dienst-Mercedes nach Osnabrück, auf dem Rücksitz Kriminalhauptmeister Schröder und der hessische Kollege Robert Noderer, dazwischen Fabeyer (Abb. 20).[268] »Auf der etwa 2 ½ Stunden dauernden Fahrt wurden ihm 4 Zigaretten angeboten, die er auch rauchte«, schreibt Burghard in einem Vermerk.[269]

Schon auf der Autofahrt äußert sich der Festgenommene zu seinen Taten; später macht er abweichende Angaben.[270] Auf die Frage, wie viele Einbrüche er begangen habe, antwortet Fabeyer: »Na, so 400.« An sich sei er kein Mörder, versucht er den Beamten zu erklären, denn er habe eine Reihe von Polizeibeamten, die er hätte erschießen können, nicht beschossen. Bei den Schilderungen über den Fall Brüggemann treten Fabeyer wiederholt Tränen in die Augen. Und der angeblich so kaltblütige Gewohnheitsverbrecher weint, als er sich klar macht, dass man ihn zu Beginn der günstigen Jahreszeit gefasst hat. Zugleich ist er darüber erleichtert, dass sein gehetztes Leben jetzt endet, nachdem er so lange flüchtig gewesen ist.[271]

Gegen 16.30 Uhr biegt der Wagen auf den Parkplatz der LKP-Stelle an der Hannoverschen Straße in Osnabrück ein. Neugierige belagern das Gebäude, aus den Fenstern spähen Angestellte und Beamte auf den Hof.[272] Fabeyer trägt eine blaue Jacke, ein Karo-Hemd und eine braune Hose; er sieht, wie die »Freie Presse« feststellt, gut genährt aus, hat sich ordentlich frisiert und rasiert.

Bei der Kripo wird Fabeyer erkennungsdienstlich behandelt, dann steckt man ihn ins Gefängnis hinter dem Landgericht.[273] Beim Abtransport ruft ihm ein Nachbar des

Abb. 20: Handschellen ketteten Bruno Fabeyer an den Osnabrücker Kriminalhauptmeister Schröder. Nach der Festnahme in Kassel fuhren sie nach Osnabrück.

getöteten Hunteburgers Brüggemann zu: »Du Bluthund, du Polizistenmörder! Dich sollte man totschlagen«, bevor Polizisten den Mann zurückhalten.[274] Gleich nach seiner Einlieferung muss Fabeyer Häftlingskleidung anlegen. Am nächsten Morgen, einem Samstag, verkündet der Richter im Bereitschaftsdienst den Haftbefehl im Vernehmungszimmer im ersten Stock des Landgerichtsgefängnisses.[275] Weil die Haftanstalt am Neumarkt nicht für eine Sicherungsverwahrung vorgesehen ist, wird der Gefasste in die Straf- und Sicherungsanstalt Celle verlegt.

»Osnabrück atmet auf – Fabeyer hinter Schloß und Riegel« titelt das »Osnabrücker Tageblatt« am 25. Februar im Aufmacher auf Seite 1; die »Neue Tagespost« geht schon einen Schritt weiter: »Fabeyer nach der Festnahme: Ich habe den Mord begangen.« Die »Freie Presse« meldet nüchtern: »Bruno Fabeyer festgenommen.« Auch überregionale Medien berichten ausführlich, so die Illustrierte »Neue Revue« unter der Überschrift »Der Mann, der nur im Dunkeln schoß«. Die »Bunte« kündigt auf der Titelseite mit riesigen roten Lettern einen großen, zwei Doppelseiten umfassenden Bericht an: »So wurde Polizistenmörder Fabeyer gefaßt!« Das Magazin »Stern« behauptet, die Redaktion habe mit dem Kriminal-Report »Deutschland deine Kripo« den Verbrecher »zur Strecke« gebracht.[276] Die »Bild am Sonntag« zeigt Fabeyer in drei Fotos vor der Kamera des Erkennungsdienstes, versehen mit dem Titel »Nach der Jagd: Die Kamera hält Fabeyer fest«. Darunter ein kleiner Text mit der Überschrift »Flucht – das ist härter als das Zuchthaus«.[277]

Das Interesse der Boulevardmedien bleibt riesig – die »Neue Revue« und die »Quick« versuchen vergeblich, Fabeyer schon bald nach der Festnahme zu kontaktieren, und sie schalten Rechtsanwälte aus Osnabrück und Bramsche ein. Die beiden Medien wollen ihm den Strafverteidiger bezahlen und sich im Gegenzug die Exklusivrechte an seinen Memoiren sichern. Doch die Justizbehörden lassen niemanden an den Festgenommenen heran. Fabeyer nimmt sich Anfang März aus der Liste der beim Landgericht Osnabrück zugelassenen Anwälte den Strafverteidiger Werner Hörnschemeyer, der sich an den Praktiken der Illustrierten nicht beteiligt hat.[278]

Wenige Tage nach der Festnahme wird bekannt, dass die Waffe gefunden worden ist, mit der Fabeyer auf den Gretescher Postbeamten Broxtermann geschossen hat. Bevor er am 27. Februar nach Celle abtransportiert wird, fährt er mit Kriminalmeister Helmuth Huge nach Jeggen und zeigt vom Auto aus die Stelle, wo er sich im Januar 1966 seiner Waffe entledigt hat. Erst bleibt die Suche auf dem angegebenen Gelände ohne Erfolg. Dann werden die Bewohner der benachbarten Gehöfte gefragt – und ein Bauer, der die verrostete und verdreckte Schusswaffe auf einem Schrank deponiert hat, händigt sie der Polizei aus. Zu seiner Entschuldigung führt er an, er habe angenommen, es handele sich um eine Waffe aus den letzten Kriegstagen.[279] Das Gewehr wird zur Untersuchung zum BKA nach Wiesbaden geschickt.

Fabeyers Festnahme beherrscht in diesen Tagen das Stadtgespräch in Osnabrück, auch bei Schülern: Ein Lehrer der Widukind-Schule erteilt die Aufgabe, über ein Gespräch eine Klassenarbeit zu schreiben, und gibt drei Themen zur Auswahl vor. 17 der 26 Schüler entscheiden sich für das Aufsatzthema »Fabeyer hinter Gittern«.[280]

Gut drei Wochen nach der Festnahme zahlt die Gemeinde Gretesch der Zeugin Hildegard Neugebauer für ihren Hinweis eine Belohnung von 1000 DM. Bürgermeister Helmut Stockmeier fährt in Begleitung der Beigeordneten Josef Voss und Adolf Klaaßen nach Kassel, überreicht der Gastwirtin am 18. März 1967 in ihrem Lokal »Braustübl« den entsprechenden Scheck und bedankt sich.[281] Die Staatsanwaltschaft Osnabrück lässt dagegen etliche Monate verstreichen, bevor sie die zugesagten 5000 DM Belohnung auszahlt, und das, obwohl Neugebauer ihren Anspruch bereits im März per Einschreiben angemeldet hat. Das verärgert die alleinerziehende Mutter zweier Kinder, und ihren Unmut äußert die Frau auch gegenüber Journalisten. Die Staatsanwaltschaft will dagegen das Urteil abwarten. Erst im Dezember, nach Fabeyers Verurteilung, erhält Neugebauer vom Generalstaatsanwalt in Oldenburg Nachricht, das niedersächsische Justizministerium sei mit der Auszahlung der Belohnung einverstanden.[282]

Später wird in ihrer Wohnung in der Kasseler Hafenstraße ihr Sohn ermordet. Sofort kommen Verdächtigungen auf, dies könne seinen Grund im »Verrat« an Fabeyer haben. Ein Gerücht, das nicht stimmt. Der Mörder wird gefasst und verurteilt, und es stellt sich heraus: Es besteht keinerlei Zusammenhang mit dem Osnabrücker Seriendieb.[283]

Die Vernehmung

Im März 1967 wird Fabeyer in Celle mehrfach durch die Osnabrücker Kripobeamten Schiermeyer und Huge vom 2. Kommissariat vernommen. Kripo-Chef Burghard nutzt die Aussagen, um sich über das Vorgehen des Geflüchteten zu informieren. »Fabeyers Urteil über die Polizei ist bissig und nicht ohne hintergründigen Humor«, stellt er fest. »Ein wenig von oben herab, mit der Arroganz des Überlegenen gewissermaßen, beantwortet er Fragen, was denn die Polizei nach seiner Meinung bei der Fahndung nach ihm alles falsch gemacht habe.«[284] Dabei schwingt bei dem Verbrecher der Stolz mit, die Polizisten über Monate genarrt zu haben. Fabeyer spricht von »Sonntagspolizisten«, die nur ungern ins Gelände gehen und bei ihren Einsätzen Krach machen würden. Die Polizei, so urteilt er, »schläft nachts im Stehen«, fühlt »sich nur in Kompaniestärke sicher« und ist »zu langsam«.[285]

> *»Fabeyer gefällt sich nach seiner Festnahme ein wenig in der Rolle des Einzelkönners, der der Polizei in jeder Situation mit Schläue und Kaltblütigkeit überlegen war«,* findet Burghard. *»Es ist das Urteil eines geschlagenen Gegners. Fabeyer hält uns einen Spiegel vor. Er tut es zwar mit der Arroganz des Überlegenen, doch wir sollten darüber nachdenken.«*[286]

In der Vernehmung berichtet Fabeyer, Hubschrauber seien für einen Täter auf der Flucht gefährlich. Doch aus der Sicht des Geflohenen verlören sie ihren Schrecken, wenn man feststelle, dass über einem Gebiet von 50 Quadratkilometern ein einziger Helikopter in der Luft sei.[287] Angst hat er dagegen vor den Such- und Stöberhunden der Polizei gehabt, aber selbst das habe sich bald gelegt. Denn die Polizisten ließen ihre Hunde immer nur an langen Leinen laufen. Und weil es allgemein so viel Krach gebe, sei er stets in der Lage gewesen, sich rechtzeitig in Sicherheit zu bringen.

Zwar kann Fabeyer über Monate den Fahndern entwischen, doch bei seiner Flucht hat er Raubbau an seiner Gesundheit betrieben: Fast alle Zähne hat er beim monatelangen Aufenthalt im Wald verloren; teilweise hat er sie selbst herausgebrochen.[288] Gefragt, weshalb er keinen Zahnarzt aufgesucht hat, antwortet er:

> *»Ärzte sind intelligente Menschen. Wenn die einmal mein Bild gesehen haben, behalten sie es in der Erinnerung. Dann ist es leicht, mir eine Spritze zu geben,*

bei der ich einschlafe. Und dann holt der die Polizei und Bruno schläft. Denkste! Lieber Zahnschmerzen haben, aber frei sein.«[289]

Im Wesentlichen fühlt sich Fabeyer unschuldig und sagt, nur die Umstände hätten ihn erneut auf die schiefe Bahn kommen lassen.[290] Folgt man Kripo-Chef Burghard, dann schwingt bei dem Festgenommenen im Unterton das Gefühl mit, er sei verraten worden. Nicht die Polizei habe ihn fangen können, sondern eine Gastwirtin, die ihre Belohnung verdienen wollte.[291] Die Summe von 5000 DM empfindet Fabeyer als lächerlich angesichts der Fahndungskosten in vielfacher Höhe.

Wie die Vernehmungen ablaufen, darüber gibt Ernst Hunsicker einen kleinen Einblick anhand einer Anekdote. Hunsicker, ab 1994 Leiter der Kripo Osnabrück, durchläuft in den 1960er Jahren die Ausbildung in den Kommissariaten der Kriminalpolizei. Mit dem Fahndungsbeamten Helmuth Huge sucht er für die Befragung die Justizvollzugsanstalt (JVA) Osnabrück auf. Doch im Vernehmungszimmer verhält sich Fabeyer, als wären die Polizisten gar nicht anwesend. Erst als Huge Zigaretten hinlegt, »schoss Fabeyer geradezu über den Tisch und riss die Zigaretten in Raubkatzenmanier an sich«, erinnert sich Hunsicker. »Danach war er zugänglicher und im Rahmen seiner begrenzten Möglichkeiten gesprächsbereit.«[292]

Am 3. Juni berichtet das »Hamburger Abendblatt«, dass die gerichtliche Voruntersuchung anläuft und beschreibt ausführlich Fabeyers Fluchtweg.[293] Das führt zu Irritationen bei Osnabrücker Lokaljournalisten, die sich von der Staatsanwaltschaft umgangen fühlen, aber ebenso bei der Staatsanwaltschaft selbst, weil die geschilderten Einzelheiten gar nicht in ihren Akten zu finden sind.[294]

Verteidiger Hörnschemeyer kann nicht der Informant sein, denn bis dahin hat er keine Gelegenheit gehabt, mit Fabeyer in Verbindung zu treten. Daher vermutet die Staatsanwaltschaft die Quelle bei der Kripo in Osnabrück. Deren Chef Burghard beteuert, seine Beamten würden mit Sicherheit ausscheiden, aber ein Oberbeamter der Schutzpolizei, der für Lehrzwecke im Polizei-Institut Hiltrup bei Münster Einsicht in die Akten genommen habe, könne der Presse gegenüber Erklärungen abgegeben haben.

Dann erfährt die Staatsanwaltschaft durch eine Indiskretion, dass bei der Vernehmung ein Tonband für Aufzeichnungen eingesetzt worden ist. Die beiden Kripobeamten haben es beim Gespräch mit Fabeyer im Gefängnis in Celle genutzt, im Auftrag von Burghard, der ihnen einen Leitfaden mit 36 Fragen auf den Weg gegeben hat. Sie sollen sich erkundigen, wie der Tagesablauf eines Sicherungsverwahrten aussieht und wie die »Psychologie der Haft« ist.[295] Auskunft wollen sie von Fabeyer auch über seine Verhaltensweisen während der Flucht und die Probleme des Lebens unter abnormen Bedingungen. Als Dokumentation für eine kriminologische Arbeit und für die Schule der Bundeswehr für psychologische Kampfführung[296] in Euskirchen sollen die gewonnenen Erkenntnisse dienen, so Burghard. Die Kripo-Beamten Schiermeyer und Huge haben Fabeyer nach dessen Aussage vor der Aufnahme jedoch ausdrücklich versichert, der Inhalt werde vor Gericht nicht verwertet. Demnach wollten sie sich im Auftrag von Burghard zum Beispiel über die Fahrtrouten und seinen Jugoslawien-Aufenthalt informieren.

Vom Untersuchungsrichter auf das Tonband angesprochen, reagiert Fabeyer verärgert und wirft den vernehmenden Beamten Vertrauensbruch vor. Beiläufig erklärt er, gegenüber der Kriminalpolizei sei er zu keinerlei Aussagen mehr bereit, wenn seine Familie in der Öffentlichkeit diffamiert würde. Man habe ihm versprochen: »Bruno, das bleibt alles bei uns. Es erfährt kein anderer.«

Auf dem Tonband ist nach Angaben der Staatsanwaltschaft eine sieben Stunden dauernde Unterhaltung zu hören. Burghard lässt sie dem zuständigen Staatsanwalt zukommen, der sie aber aus grundsätzlichen Bedenken nicht für die Anklageschrift einsetzt, die er Mitte September 1967 fertigstellt.[297] Der Osnabrücker Kripo-Chef will die Informationen des Festgenommenen nutzen, um die Polizeiarbeit zu verbessern und zu überlegen, warum die Fahndungsaktion so oft gescheitert ist. Er möchte aus den Pannen lernen und die Taktik und Organisation der Polizei optimieren.

Im Oktober, November und Dezember 1967 schreibt Burghard eine kleine Serie von drei Aufsätzen in der monatlich erscheinenden Fachzeitschrift »Kriminalistik« über den Mann, der mit einer Großfahndung gesucht worden ist: »Bruno Fabeyer – ein Phänomen«, »Die 573 Tage des Bruno Fabeyer« und »Der Fahndungsfall Fabeyer« lauten die Überschriften. Burghards selbstkritisches Fazit: »Fabeyer hat Mängel und Grenzen einer bundesweiten Fahndung und Mängel der Polizei überhaupt aufgezeigt und streng föderalistisches Gefüge der BRD hat die Jagd nach ihm bestimmt nicht gefördert.« Allerdings werden bis Ende der 1960er Jahre überregionale Großfahndungen, die personalintensiv und kostspielig sind, nur in seltenen Ausnahmefällen organisiert – in den 1970ern mit dem RAF-Terrorismus ändert sich das.[298]

Offen berichtet Burghard über die Pannen bei der Fahndung und erntet dafür Zustimmung und Ablehnung. Der Düsseldorfer Kriminaldirektor Bernd Wehner von der Redaktion der Zeitschrift »Kriminalistik« fordert die Leser zu Stellungnahmen auf und schreibt: »Wir sollen uns alle zu den aufgeworfenen Problemen Gedanken machen, die Sache ist es wert.«[299]

Zeitgleich kommt eine neue Methode der Tätersuche auf: die Fernsehfahndung. Das ZDF ist vier Jahre alt und hat im Sommer 1967 gerade mit dem Regelbetrieb in Farbe begonnen, als es am 20. Oktober erstmals die Sendung »Aktenzeichen XY … ungelöst« ausstrahlt, moderiert von Verbrecherjäger Eduard Zimmermann. Sechs Wochen zuvor, am 6. September, hat der Moderator den Fall Fabeyer und die Arbeit der Polizei in einer halbstündigen ZDF-Sendung beschrieben, zur besten Sendezeit ab 20.30 Uhr, und der Journalist hat den Zuschauern Fabeyers Verpflegungsdepots, die Sicherung von Fußspuren und die Arbeit der Polizisten im Hauptquartier der Osnabrücker Kripo gezeigt.[300]

Noch bevor der Prozess vor dem Landgericht Osnabrück beginnt, wird im Deutschen Bundestag der Fall Fabeyer kurz angesprochen. Dazu meldet sich am 27. Oktober 1967 der Parlamentarische Geschäftsführer der FDP-Fraktion, Hans-Dietrich Genscher, in der Fragestunde. Seine Frage packt der Abgeordnete umständlich in einen langen Schachtelsatz:

> *»Wird die Bundesregierung aus der Tatsache, daß sich auch die Verhaftung des Gewaltverbrechers Fabeyer unter anderem deshalb verzögerte, weil die Maßnahmen der Polizei zu seiner Ergreifung jeweils an den Grenzen der Bundesländer haltmachen mußten, endlich die Konsequenz ziehen, daß sie dem Deutschen Bundestag einen Vorschlag vorlegt, durch den die verfassungsrechtlichen Voraussetzungen für die Verbrechensbekämpfung im Bundesmaßstab geschaffen werden?«*[301]

Die Antwort kommt vom CDU-Politiker Ernst Benda, dem Parlamentarischen Staatssekretär im Innenministerium: Benda erklärt, die Bundesländer hätten seit längerer Zeit erkannt, dass es notwendig sei, Polizeibeamte anderer Länder in ihrem Zuständigkeitsbereich tätig werden zu lassen. Darüber gebe es Bestimmungen in Polizeigesetzen und Verwaltungsvereinbarungen einzelner Länder, allerdings sehr unterschiedliche. Trotz aktueller Beratungen der Innenminister sei eine Änderung der Verfassung nicht geplant. Mehr Erfolg als durch eine Reform des Grundgesetzes, der die Landesregierungen zustimmen müssten, verspricht sich Benda durch Vereinbarungen der Innenminister.

Der Prozess vor dem Schwurgericht in Osnabrück

Mit Beschluss vom 13. Oktober 1967 wird die Anklage gegen Fabeyer zugelassen, und es ist klar, dass vor Gericht nur über einen Bruchteil seiner zahlreichen Taten verhandelt wird. Das liegt an der Strafprozessordnung, die das »Ausscheiden von unwesentlichen Nebendelikten« regelt, wie es zu dieser Zeit in Paragraf 154a heißt – und dazu gehören in diesem Fall Einbrüche, die oft mit Zuchthaus geahndet werden. Aus prozessökonomischen Gründen werden sie ausgespart.

Die Anklageschrift gegen Fabeyer umfasst 115 Seiten. »Müßte über alle Straftaten Fabeyers verhandelt werden, würde die Anklageschrift 1000 Seiten umfassen«, erklärt der Erste Oberstaatsanwalt am Landgericht Osnabrück, Harald Hahne.[302] Das Schwurgericht widmet sich den Anklagepunkten Mord und versuchter Mord und darüber hinaus allein den Straftaten, die mit diesen Kapitalverbrechen direkt in zeitlichem Zusammenhang stehen – und das sind Einbrüche und Diebstähle vor und nach den beiden schweren Verbrechen. Verhandelt wird auch über das Vergehen nach dem Waffengesetz.

Hahne äußert sich in einem Gespräch mit dem Redakteur Hans Jansen von der noch jungen »Neuen Osnabrücker Zeitung« (NOZ). Der Artikel erscheint am 5. Oktober 1967 in einer der ersten Ausgaben der Tageszeitung, die drei Tage zuvor aus der Fusion der bisherigen Lokalzeitungen »Osnabrücker Tageblatt« und »Neue Tagespost« an den Start gegangen ist. Ausführlich berichtet Jansen für die NOZ über die Gerichtsverhandlung.

Am 16. November 1967 eröffnet das Schwurgericht den Prozess gegen Fabeyer.[303] Journalisten und andere Zuschauer drängen sich im Gerichtssaal, Medienvertreter von Zeitungen, Illustrierten, Radiosendern und Nachrichtenagenturen verfolgen das Verfahren. Bevor zwei Wachbeamte den Angeklagten hereinführen, nimmt man ihm die Fesseln ab. Lächelnd schaut sich Bruno Fabeyer, gekleidet in einen graugrünen Anzug mit rotgelb gestreifter Krawatte, die rund 30 Fotografen und Fernsehleute an.[304] »Im Zuschauerraum hätte man nicht einmal mehr ein kleines Kind unterbringen können«, schreibt die NOZ.[305]

Für den Osnabrücker Rechtsanwalt Werner Hörnschemeyer ist der Fall einer der spektakulärsten als Strafverteidiger, sein Auftritt macht ihn bundesweit bekannt.[306] Die »Zeit« zitiert den 40-jährigen Juristen mit der Aussage, selten habe er einen so zugänglichen, bescheidenen und ruhigen Klienten vertreten.[307] Der Angeklagte und sein Verteidiger sind fast gleichaltrig, Fabeyer ist ein knappes Jahr älter.

Am ersten Verhandlungstag schildert der Angeklagte seinen Lebenslauf. Fast eine Stunde redet er, und berichtet stotternd und manchmal unter Tränen, wie er im Erziehungsheim verprügelt worden ist und von der Gestapo auch.[308] Das Mitleid der Zuhörer wächst. Zu den Schüssen auf den Postbeamten Broxtermann und den Polizisten Brüggemann behauptet Fabeyer, bei den Taten sei er volltrunken gewesen. Doch diese Aussage nimmt ihm der Vorsitzende des Gerichts nicht ab, und der Angeklagte verwickelt sich in Widersprüche.

Am zweiten Verhandlungstag humpelt der 55-jährige Postobersekretär Broxtermann, auf zwei Krücken und zwei Männer gestützt, zur Zeugenbank des Schwurgerichts. In diesem Moment »verflüchtigte sich auch der letzte Funke von Mitleid, das Fabeyer am ersten Verhandlungstag geschickt durch eine rührselige Kindheitsschilderung entfacht hatte«, bemerkt ein Gerichtsreporter.[309] Zeugen widerlegen die Aussage, nach welcher der Angeklagte während der Tat in Meyerhöfen sturzbetrunken gewesen sei.

In einem Brief an das Gericht behauptet der ehemalige Heimerzieher Herbert Porazinski aus Celle – wie sich herausstellt, ein Insasse der Strafanstalt – Fabeyer sei kein Krimineller, sondern ein Kranker mit Psychoneurose. Verteidiger Hörnschemeyer fordert daher eine psychiatrische Untersuchung.[310] Dies geschieht über das Wochenende. Der Mediziner Leo Kessens von der Landesheilanstalt Osnabrück erklärt anschließend vor Gericht, die Untersuchung habe keinerlei Hinweise auf eine verminderte Zurechnungsfähigkeit des Angeklagten ergeben. Mit anderen Worten: Er ist für seine Taten voll verantwortlich.[311]

Fabeyer berichtet vor Gericht ausführlich über das Versagen der Polizei.[312] Beispielsweise am 27. Februar 1966 in Gesmold bei Melle, als er einen Streifschuss abbekommen, aber die Beamten einfach dadurch überlistet hat, dass er in einen Hauseingang getreten ist. Demnach lief der Polizist mit nur einem Meter Abstand an ihm vorbei und merkte nichts. In Belm-Wellingen habe er sich in einer Scheune unter einem Haufen Bohnenstangen versteckt. Zwei Kriminalbeamte in Zivil hätten das Gebäude betreten und seien vor dem ungeordneten Haufen stehen geblieben. »Sollen wir jetzt darunter nachgucken?«, soll der eine gefragt haben. Die Antwort des anderen: »Ach Unsinn, heute ist Sonntag, wir machen uns doch jetzt nicht die Klamotten dreckig.«

In Süddeutschland, sagt Fabeyer, habe er ohne Rücksicht auf Verletzungen dichtes Dornengestrüpp durchquert. Mit Spürhunden sei ihm die Polizei gefolgt, und vor einer Dornenhecke hätten die Hunde deutlich angeschlagen. Der Polizeiführer habe die Tiere jedoch für verrückt gehalten und gemeint: »Da kann doch keiner durchkommen.« Bei Abriegelungen eines Gebiets durch Straßensperren sei er gelegentlich wie ein Indianer durch den Straßengraben gekrochen, vorbei an den Polizisten, ohne dass diese das mitbekommen hätten.

Am 21. November werden die Plädoyers gehalten. Staatsanwalt Hunger beantragt eine lebenslange Zuchthausstrafe wegen Mordes, versuchten Mordes in Tateinheit mit räuberischem Diebstahl, wegen dreier Fälle des fortgesetzten schweren Diebstahls im Rückfall und wegen unberechtigter Führung einer Schusswaffe.[313] Nach den Schüssen auf Broxtermann habe Fabeyer auf der Flucht hemmungslos Straftat um Straftat verübt. Um sich die Freiheit zu erhalten, sei er gewillt gewesen, sie mit der Waffe zu verteidigen. »Während dieser Zeit fing Fabeyer an, seinen Ruhm zu genießen. Seine Waffe wurde sein einziger Freund«, sagt Hunger.[314] Im Fall Brüggemann habe Fabeyer weder vor noch während der Tat den Eindruck vermittelt, unter Alkoholeinfluss gestanden zu haben. »Alle Schüsse auf Brüggemann sind in direkter Tötungsabsicht abgegeben worden. Sein Verhalten charakterisiert ihn als Mörder.« Sein unbändiger Freiheitsdrang müsse als einziges Motiv seiner Verbrechen angesehen werden.

Hunger erwähnt auch die öffentliche Debatte um die Arbeit der Ermittlungsbehörden, und es lohnt sich, den Wortlaut wiederzugeben:

»Sitzt unsichtbar auf der Anklagebank neben Fabeyer das heraufbeschworene Debakel eines unzulänglichen und territorial zersplitterten Fahndungsapparates? Oder gar Justitia selbst, die trotz ihrer nachhaltigen Erfahrungen mit Fabeyer seine gute Führung in einem vielfach gescholtenen Strafvollzug zum Anlaß nahm, ihm eine Chance zu geben, ohne ihm, dem oft Gescheiterten, nach neun Jahren Einsperrung den Weg in die Freiheit zu zeigen?
Allzu verzerrt ist das Bild des Angeklagten in der Öffentlichkeit. Tatsachen und Vermutungen, Wunschdenken und Sensationsgier ranken sich um seine Person, gespeist durch Indiskretionen. Sie erschweren die Wahrheitsfindung. Und es ist bedauerlich, daß selbst exponierte Beamte sich während eines schwebenden Verfahrens unter der Flagge präventiver Expertise nicht mehr Zurückhaltung auferlegt haben. Mit derartigen Publikationen ist der Polizei und der Justiz ein schlechter Dienst erwiesen worden, daran ändern auch sophistisch formulierte Leserbriefe nichts, die die Tatsachen noch mehr entstellen und nur neuen Gesprächsstoff liefern.«

Damit spielt Hunger auf die Aufsätze von Burghard in der Zeitschrift »Kriminalistik« und die Leserbriefe des Kripo-Chefs an. Weil Medien wie das »Hamburger Abendblatt« wenige Tage vor Prozessbeginn über Differenzen zwischen Polizei und Justiz über ein Tonband berichtet haben, weist der Staatsanwalt zurück, dass es Streit gegeben habe. Freilich mache der Ton die Musik, »und mir scheint, daß da von unmusikalischer Hand in fremde Seiten (sic!) gegriffen wurde«.[315]

Zweieinhalb Stunden dauert anschließend das Plädoyer des Strafverteidigers vor dem Schwurgericht, eines der längsten, an das sich Hörnschemeyer erinnert. Der Anwalt zielt auf eine Verurteilung seines Mandanten nicht wegen Mordes, sondern wegen Totschlags ab. »Fabeyer war kein Killer, der aus kaltblütiger Mordlust schoss«, lautet sein Argument. »Der wollte einfach nicht gefasst werden und sah das als einen Akt der Selbstverteidigung an, ähnlich einem Raubtier, das gefährlich wird, wenn es sich in die Ecke gedrängt fühlt.«[316] Fabeyer sei kein gemütskalter Mensch und habe niemals vorgehabt, in die Unzurechnungsfähigkeit zu flüchten. Dem Angeklagten sei durchaus klar, dass es eine Freiheit für ihn nicht mehr geben könne. »Aber Fabeyer fühlt sich nicht als ein Mörder.« Der Angeklagte selbst stützt dies, als er mit weinender Stimme sagt: »Es tut mir leid, was ich gemacht habe. Ich habe nicht töten wollen. Ich kann das nicht wiedergutmachen.«[317]

Das Schwurgericht folgt der Argumentation des Strafverteidigers. Nach nur fünf Verhandlungstagen wird Fabeyer am Nachmittag des 23. November 1967 zu 14 Jahren Zuchthaus mit anschließender Sicherungsverwahrung verurteilt.[318] Die bürgerlichen Ehrenrechte werden ihm auf Lebenszeit aberkannt. Der Angeklagte wird des versuchten Mordes (am Postbeamten Broxtermann) schuldig gesprochen, zudem des Totschlags in einem besonders schweren Fall (am Polizeibeamten Brüggemann) und des schweren Rückfalldiebstahls in sieben Fällen, jeweils in Tateinheit mit einem Vergehen nach dem Waffengesetz.

Die Urteilsbegründung dauert etwa eine Stunde.[319] »Mit diesem Urteil«, sagt Landgerichtsdirektor Friedrich Jagemann zu Beginn der Urteilsbegründung, »ist nun der vorläufige Schlussstrich unter den Fall Fabeyer gezogen worden. Dieser Fall hat die Öffentlichkeit stark beschäftigt, aber es mögen wohl mehr die äußeren Umstände gewesen sein als die Straftaten selbst.« Fabeyer, so argumentiert das Schwurgericht, habe nicht versucht, den Polizisten Brüggemann zu ermorden, sondern aus Angst vor dem Zuchthaus im Affekt gehandelt. Heimtückisches oder vorsätzliches Verhalten sei ihm nicht nachzuweisen. Der Behauptung Fabeyers, er habe in Volltrunkenheit auf Brüggemann und Broxtermann geschossen, folgt das Gericht nicht. Detailliert beschreibt es im Urteil die Tathergänge in Gretesch und Meyerhöfen, um zu belegen, dass er weder unter Alkoholeinfluss stand noch gesundheitlich während der Schüsse eingeschränkt war – sondern aufmerksam, reaktionssicher und schnell, kaltblütig und berechnend.[320]

Zwar hat Fabeyer juristisch gesehen keinen Mord begangen, sondern Totschlag, doch wirkt sich dies kaum auf das Strafmaß für den Angeklagten aus. Das Gericht stuft ihn als »gefährlichen Gewohnheitsverbrecher« ein. Fabeyer als »Moormörder« oder »Polizistenmörder« zu bezeichnen, ist aber strafrechtlich nicht korrekt.

Der bekannte Gerichtsreporter Gerhard Mauz vom »Spiegel« gratuliert Hörnschemeyer nach dem Urteil. Der Journalist sieht in dem Verurteilten ein Opfer einer schweren Kindheit und Jugend in der NS-Zeit.[321] Ähnlich sieht es Hasso Ziegler, Autor des »Rheinischen Merkurs«: Unter der Überschrift »Die Mär von dem Super-Gangster« beschreibt er Fabeyer und vertritt die Ansicht, dass »eine ahnungslose und selbstgerechte Gesellschaft systematisch Kriminelle züchtet«.[322] Andere Journalisten stellen Fabeyer dagegen als geschickten, kaltblütigen Gewohnheitsverbrecher dar, der dem Gericht Lügen auftischt. »Bald wird er seine Fahrt in das Zuchthaus antreten, wo er wahrscheinlich den Rest seines verpfuschten Lebens zu verbringen hat«, heißt es im Bericht der NOZ.[323]

Fabeyer ist nicht damit einverstanden, dass die Richter ihn wegen eines Mordversuchs verurteilt haben, sein Anwalt legt daher einen Tag nach der Verurteilung Revision ein und führt noch weitere Gründe an.[324] Der 5. Strafsenat des BGH befasst sich in seiner Sitzung vom 25. Juni 1968 mit der Revision und verwirft sie im Wesentlichen.[325] »Die Verfahrensbeschwerden sind unbegründet«, stellen die Richter fest. Als Verteidiger Hörnschemeyer während des Schlussvortrags gebeten habe, die Verhandlung zu unterbrechen, weil sich der Angeklagte nicht wohlfühle, sei dem Antrag sofort entsprochen worden.

Aber in einem Punkt ändert der Senat doch den Schuldspruch: Die Richter verkürzen das Strafmaß von 14 Jahren auf zehn Jahre und einen Monat Zuchthaus. Die Begründung bezieht sich auf den Diebstahl von vier Tafeln Schokolade in der Nacht zum 29. Dezember 1965 in Gretesch und wirkt zumindest für Laien kurios und juristisch spitzfindig: Zu Unrecht sei der Angeklagte wegen vollendeten schweren Diebstahls verurteilt worden, befinden die Richter des BGH. Das Osnabrücker Schwurgericht sei davon ausgegangen, dass Fabeyer die Schokolade nicht zum alsbaldigen Verbrauch (§ 370 Abs. 1 Nr. 5 Strafgesetzbuch) entwendet habe, weil eine Menge von vier Tafeln dafür zu groß sei und der Angeklagte noch ausreichend Vorräte in seinen Waldverstecken gehabt habe. »Diese Ausführungen verkennen den Rechtsbegriff des alsbaldigen Verbrauchs und ziehen seine Grenzen zu eng«, argumentiert der BGH. Es liege lediglich ein versuchter schwerer Diebstahl vor; die Strafverfolgung der Übertretung des § 370 Abs. 1 Nr. 5 sei verjährt, daher könne die Strafe von drei Jahren Zuchthaus für diesen Fall nicht bestehen bleiben.

Der seit 1975 nicht mehr existierende § 370 Abs. 1 Nr. 5 des Strafgesetzbuches lautet zur damaligen Zeit:[326]

> *»Mit Geldstrafe bis zu einhundertfünfzig Mark oder mit Haft wird bestraft:*
>
> ...
>
> *5. wer Nahrungs- oder Genußmittel oder andere Gegenstände des hauswirtschaftlichen Verbrauchs in geringer Menge oder von unbedeutendem Werte zum alsbaldigen Verbrauch entwendet oder unterschlägt.«*

Spannungen zwischen Staatsanwalt Hunger und Kripo-Chef Burghard

573 Tage hat die Polizei Fabeyer gesucht und dafür alle Register gezogen. Der Serientäter hat, wie der Osnabrücker Kripo-Chef Burghard in seinen Aufsätzen für die Zeitschrift »Kriminalistik« unterstreicht, die Defizite in der Polizeiarbeit deutlich gemacht. Doch die Aufsätze vom Herbst 1967 haben ein Nachspiel: Die Staatsanwaltschaft Osnabrück ist verstimmt über Burghard. Es ärgert sie, dass der Kripo-Chef die Texte nicht mit der Anklagebehörde abgestimmt hat und dass er sich öffentlich schon vor der Gerichtsverhandlung des Schwurgerichts Osnabrück im November geäußert hat, zu einem Zeitpunkt also, an dem der Fall Fabeyer noch ein schwebendes Verfahren gewesen ist.

Daran entzündet sich Anfang 1968 ein Streit, der zu einem Schriftverkehr zwischen zwei Ressorts der niedersächsischen Landesregierung führt: dem Justizministerium, dem die Staatsanwaltschaft untersteht, und dem Innenministerium, das für die Polizei zuständig ist. Das Justizressort verweist darauf, dass Mitglieder der Landespressekonferenz den Fall Burghard als Präzedenzfall ansehen. Die Korrespondenten hätten betont, dass sich die niedersächsischen Journalisten generell an den Grundsatz halten würden, Teile der Hauptverhandlung nicht durch vorausgehende Presseberichte vorwegzunehmen.[327] Aber den Journalisten könne nicht eine Praxis zugemutet werden, an die sich der Kripo-Chef selbst nicht gebunden fühle. Kritisch wird gesehen, dass auch weniger seriöse Blätter die Zeitschrift »Kriminalistik« als Quelle nutzen und der erste Teil des Berichts, wie die Staatsanwaltschaft beanstandet, »spektakulär aufgemachte Anwürfe gegen die Justiz« enthalte.[328]

Kripo-Chef Burghard und Staatsanwalt Hunger überziehen sich gegenseitig mit Vorwürfen, ihre seitenlangen Briefe landen auf den Schreibtischen in Hannover. Hunger ist zum Beispiel verärgert über das Tonband, das, wie erwähnt, bei der Vernehmung eingesetzt wurde. »Kriminaloberrat Burghard ist publicityfreudig«, schreibt der Erste Staatsanwalt Hahne an das Justizministerium und den Generalstaatsanwalt in Oldenburg.[329] Der Konflikt schaukelt sich zwischenzeitlich so auf, dass Hunger sogar beabsichtigt, »wegen verschiedener Unterstellungen« gegen Burghard Strafantrag zu stellen gemäß § 192 des Strafgesetzbuches (Beleidigung trotz Wahrheitsbeweises).[330]

Die Osnabrücker Bezirksregierung versucht zu vermitteln, und so kommt es in der Mittelbehörde am 26. März 1968 zu einem Gespräch über den Einsatz von Tonbandaufnahmen. Am Ende verständigen sich die Bezirksregierung, zu der auch der Kripo-Chef gezählt wird, und die Staatsanwaltschaft auf eine Vereinbarung, die detailliert den Umgang mit Tonbandaufnahmen regelt:[331] Aufnahmen dürfen demnach nur mit Einwilligung des Betroffenen vorgenommen werden (eigentlich ist das selbstverständlich), und seine Einverständniserklärung muss schriftlich zu den Akten gebracht werden. Der Betroffene muss wissen, ob er als Beschuldigter, Zeuge oder Anzeigeerstatter vernommen wird. Die Tonbänder sind jederzeit auf Verlangen der Staatsanwaltschaft oder des Gerichts zur Verfügung zu stellen. Erst nach Rechtskraft des Verfahrens dürfen die Aufnahmen gelöscht werden. Wenn sich Reporter an die Kriminalpolizei oder die Staatsanwaltschaft wenden, muss die angesprochene Dienststelle die andere zu der Besprechung hinzuziehen.

Doch auch nach dieser Regelung kehrt noch keine Ruhe ein. In einem ausführlichen Schreiben an den Regierungspräsidenten vom 18. April weist Burghard die Vorwürfe der Staatsanwaltschaft gegen ihn zurück. Er beklagt »zahlreiche Versuche, persönlich zu diffamieren«, und feuert den Disput damit nochmals an.[332] Regierungsdirektor Eberhard Rother schreibt am 7. Mai an den Innenminister in Hannover und nimmt Burghard in Schutz. »Das Verhältnis zwischen Staatsanwaltschaft und Kripo war durch die vorgenannte Angelegenheit nur vorübergehend und auch nur in dem vorgenannten Sachbereich gestört«, stellt Rother fest. »Seit der vorgenannten Besprechung kann die Zusammenarbeit wieder als gut bezeichnet werden«, das habe ihm auch der Erste Oberstaatsanwalt bestätigt.

Doch völlig beseitigt scheinen die Differenzen noch nicht. Denn am 3. September 1968 folgt eine erneute Besprechung, diesmal zwischen dem Oldenburger Generalstaatsanwalt Wolfgang Ramsauer und dem Regierungspräsidenten Hans-Georg Suermann,[333] zu der anfangs auch Burghard hinzugezogen wird. Anschließend sind die Meinungsverschiedenheiten zwischen den beiden Strafverfolgungsbehörden endgültig ausgeräumt, wie alle Beteiligten unterstreichen.[334]

Abb. 21: Der Roman »Einladung an alle« von Dieter Wellershoff.

Fabeyer als Vorlage für eine Romanfigur

Im Sommer 1972, während der 46 Jahre alte Häftling Fabeyer in Celle im Gefängnis sitzt, veröffentlicht der fast gleichaltrige Kölner Schriftsteller Dieter Wellershoff (1925-2018) seinen dritten Roman »Einladung an alle«, erschienen im Verlag »Kiepenheuer & Witsch«. 1986 bringt der Fischer Taschenbuch-Verlag die längst vergriffene Ausgabe neu heraus, und fünf Jahre danach lässt »Kiepenheuer & Witsch« nochmals eine Taschenbuchausgabe drucken.[335] Heute ist Wellershoffs Roman über das Internet preisgünstig zu beziehen: Eine antiquarische Taschenbuchausgabe erstand der Verfasser im April 2021 für nur 3,35 Euro inklusive Versandkosten.

Im Mittelpunkt des Buches steht der Außenseiter und Einbrecher Bruno Findeisen. Dem Roman stellt Wellershoff einen Hinweis voran: »Dies ist ein Werk der Fiktion. Übereinstimmungen mit der Wirklichkeit sind deshalb ebensowenig zufällig wie Nichtübereinstimmungen.«[336]

Bezüge zu Fabeyer sind eindeutig, die Schilderungen der Flucht des Protagonisten und der Fahndung halten sich eng an die Realität. So beschreibt der Autor, wie die andauernde, personalintensiv betriebene Verfolgung Findeisen zermürbt.[337] Dessen Gegenspieler, Kriminaloberrat Bernhard, ähnelt unverkennbar dem Osnabrücker Kripo-Chef Waldemar Burghard. Den Ermittler stellt Wellershoff als Intellektuellen dar, der wie der historische Burghard gerade daran sitzt, ein Buch über »Die aktenmäßige Bearbeitung kriminalpolizeilicher Ermittlungsvorgänge« zu schreiben.[338] Der fiktive Fahnder entwickelt wie sein reales Vorbild eine Strategie des Partisanenkriegs, um den Täter zu fassen.

Der Autor hat zur Vorbereitung intensiv kriminologische und medizinische Literatur gelesen und sogar bei einer Obduktion zugeschaut, weil in seinem Roman auch eine Leichenöffnung vorkommt. Aus dem Archiv des Magazins »Stern« hat er sich Material fotokopieren lassen, Fabeyers Strafverteidiger Hörnschemeyer hat ihm viele Details erzählt, und Wellershoff hat die Gerichtsakten mit Polizeivernehmungen, Zeugenaussagen und Gutachten von Sachverständigen studiert. Im Osnabrücker Land ist der Schriftsteller mit dem Auto herumgefahren, hat sich Kartenmaterial besorgt und fotografiert, und bei der Kölner Polizei hat Wellershoff an Fahndungen teilnehmen können.

Einen Tag hat er Fabeyer im Gefängnis getroffen und ihm zugehört.[339] »Sicher ist er ein ungewöhnlicher Tätertyp gewesen, der sehr introvertiert war und viele kindliche

Züge aufwies«, stellt Wellershoff in einem Interview mit der NOZ fest.[340] »Ich habe mit ihm gesprochen und festgestellt, dass er nur einen sehr kindlichen Reifegrad erreicht hat und dazu neigte, sich vor den Menschen zurückzuziehen.«

Was hat den Romanautor an dem Stoff gereizt? »Die Hetzjagd und die Vereinzelung des Verfolgten«, antwortet Wellershoff.[341] In einem Interview führt er aus: »Es interessierte mich, dass es einen Menschen gibt, der in der Gesellschaft außerhalb der Gesellschaft zu leben versucht, der zu den Phantasien seiner Kindheit zurückkehrt, der Indianer spielt.«[342]

Der Roman besteht aus wechselnden Perspektiven und inneren Monologen, aus Landschaftsbeschreibungen und Erinnerungen. Das Buch ist Dokument, Beschreibung und Montage zugleich. Orts-, Städte und Flurnamen ändert Wellershoff nicht, und so spielt die Geschichte vorwiegend im Osnabrücker Land. »Alles in allem ... handelt der Roman von dem konkreten Fall Fabeyer und nicht von einer nur daran angelehnten Fiktion«, stellt Wendelin Zimmer, Feuilleton-Redakteur der NOZ, fest. Wellershoff hat einen Roman verfasst, bei dem es sich nicht um einen Kriminalroman handelt, weil der Ausgang den meisten Lesern bekannt sein dürfte.[343] Aber einen reinen Dokumentarroman hat Wellershoff auch nicht geschrieben, denn er vermischt Tatsachen und Spekulationen, distanzierte Beobachtungen und subjektive Bewusstseinsvorgänge, zum Beispiel wenn sich Findeisen im Traum an seine schwere Kindheit und Jugend erinnert.[344]

Der Buchtitel »Einladung an alle« bezieht sich auf den Fahndungsaufruf; er suggeriert, dass jeder eingeladen ist, an der Jagd auf den einsamen Kriminellen und Außenseiter mitzumachen.[345] Ein Aufruf, der von der Mithilfe bis zur Selbstjustiz reichen kann. Tatsächlich aber geht es im Roman lediglich am Rande um die »Einladung an alle«.

In Frankreich erscheint das Buch 1974 unter dem Titel »Chasse á l'homme dans la campagne tranquille« (wörtlich etwa »Fahndung in der ruhigen Landschaft«), übersetzt von Alain Coulon. Es wird auch ins Schwedische und Ungarische übersetzt, und in rund 30 europäischen Tages- und Wochenzeitungen erscheinen ebenso Rezensionen wie in Radioprogrammen.[346] Aber in Deutschland erregt die fiktive Bearbeitung des Stoffes 1972 nur noch wenig Aufsehen, obwohl der Fall fünf, sechs Jahre zuvor heftige Debatten über die Fahndungsmethoden der Polizei angestoßen hat.[347] »Sein Pech, daß das Buch ausgerechnet zur Zeit der kaum abgeklungenen Baader-Meinhof-Hysterie herausgekommen ist und insofern schon bei seinem Erscheinen veraltet war«, schreibt der »Spiegel« treffend über das Werk.[348] »An Verhältnissen von heute gemessen, liest sich das Wellershoff-Buch eher wie eine Idylle.« Und der Schweizer Historiker Hannes Mangold stellt fest: »Das vordringliche Problem der inneren Sicherheit brachte nicht mehr der einsame Partisan im Waldlager, sondern die linksradikale Kleingruppe in der konspirativen Wohnung auf den Punkt.«[349]

Kritik an der Beschreibung der Figur Bruno F. übt Feuilleton-Redakteur Zimmer in der NOZ: Er hält Wellershoff vor, vom Klischee des kriminellen Waldgängers fasziniert zu sein. Bruno F. sei nur »Moormörder« und »Waldmensch« und damit »eine undifferenzierte und triviale Kunstfigur, ein auf zwar höchst einprägsame Weise verkürzter Charakter, dessen literarische Konzeption jedoch eher Vorurteile bestätigt als korrigiert.«[350] Die Figur zeichne der Autor nach jener »schablohnenhaften Psychologie« des Kriminalromans, die Wellershof selbst ablehne. Einen Krimi, meint Zimmer, könne man das Buch nur mit Einschränkungen nennen. Menschen in Osnabrück und Umgebung würden das Werk nicht als Roman lesen, sondern »lediglich zur Auffrischung ihrer Erinnerungen benutzen«.

Angelehnt an das Buch »Einladung an alle« sendet das ZDF am 25. November 1974 das 90-minütige Fernsehspiel »Eskalation« unter Regie von Claus Peter Witt – ein Beleg dafür, dass der Fall Fabeyer als Stoff für Massenunterhaltung taugt. Wellershoff gibt sein Debüt als Fernsehautor und erklärt wie zu seinem Buch, das Fernsehspiel ziele über den Einzelfall hinaus, dargestellt werde die Verfolgung eines Außenseiters.[351] Bruno Fabeyer heißt im Film Franz Fekhelm. Anders als im Roman, der nahe an den authentischen Ereignissen bleibt, sind der Schauplatz des Geschehens und die Zeit der Handlung verändert. Das ZDF begründet dies damit, dass das Fernsehspiel über den Einzelfall hinaus auf die Fahndung nach einem Außenseiter zielt.

Rechtsanwalt Hörnschemeyer wird von der »Funkuhr« zum Fernsehspiel befragt und vertritt die Auffassung, dass es nicht gegen seinen Mandanten gerichtet ist, obwohl der Bezug zu ihm hundertprozentig hergestellt werde. Vielmehr handele es sich um eine sozialkritische Abhandlung.[352] Am 28. Februar 1976 wird »Eskalation« in einer Wiederholung ausgestrahlt.

Joachim Fuhrmann und Werner Schiffer bringen zum Roman und zum Film ein 76-seitiges Heft heraus, eine Arbeitshilfe für Lehrer mit theoretischen und praktischen Hilfen für den Unterricht. Das Heft enthält Zeitungsartikel und eine Textinterpretation zu Wellershoffs Roman mit didaktischen Überlegungen, Aufgaben für Schülerreferate und drei Klausurbeispiele. Abgedruckt ist auch ein Brief Burghards an Fuhrmann, in dem der Kriminalist Wellershoffs Roman ausdrücklich lobt.[353]

Haft in Celle, erneute Flucht und das Lebensende in Hessen

Über Jahre ist es in der Öffentlichkeit danach still um den Mann, der so lange untergetaucht war. Nach der Verurteilung zur lebenslangen Freiheitsstrafe lebt der Häftling in einer Einzelzelle in der JVA Celle, mit einem Kanarienvogel als einzigem Zimmergenossen.[354] Das Verhalten des Gefangenen Fabeyer wird positiv bewertet: Als ausgeglichen, gutmütig, fleißig, verträglich und zuvorkommend beschreibt ihn ein Aufsichtsbediensteter auf einem Beurteilungsbogen von 1969. Und der Werkbedienstete notiert: »Er ist ein sehr guter Arbeiter. Bereitet keine Schwierigkeiten.«[355] Vergleicht man diese Bewertungen mit den negativen Beurteilungen des Jugendlichen Fabeyer in den Provinzialheimen von Wunstorf und Göttingen während der NS-Zeit, könnte der Gegensatz kaum größer sein.

Seine Arbeiten verrichte er sauber, ordentlich und gewissenhaft, bescheinigt ihm der Anstaltsleiter. Manchmal wirke er wehleidig und niedergeschlagen. Zu seinen Mitgefangenen hat er keinen engen Kontakt, doch viele Jahre spielt er in der Fußballmannschaft der JVA als Torwart mit.[356] In der Haft nimmt Fabeyer seit 1974 an einem Hauptschulkurs teil und besteht im Alter von 50 Jahren mit Mühe, aber erfolgreich den Volksschulabschluss.[357] Bei diesem Schritt, der sein Selbstbewusstsein stärkt, fördert ihn der im Gefängnis unterrichtende Oberlehrer Heinrich Hoymann.

Weil zahlreiche Medien über den Prozess gegen Fabeyer berichtet haben, gehört er zu den prominenteren Gefangenen in Celle. Zeitungsartikel führen dazu, dass in den Anfangsjahren seiner Haft Briefkontakte entstehen, so zu Herta R. aus Sutthausen bei Osnabrück, der Frau eines leitenden Beamten der Bezirksregierung, und über mehrere Jahre zu Barbara R. aus Braunschweig, die Fabeyer als Verlobte bezeichnet und der er Geld schickt. Allzu eng und dauerhaft war diese Verbindung offenbar nicht.[358]

Im Herbst 1967 wird der Komponist und Musikpädagoge Eduard Zuckmayer (1890-1972) auf den bekannten Häftling aufmerksam.[359] So liest der ältere Bruder des Schriftstellers Carl Zuckmayer den Prozessbericht des Gerichtsreporters Gerhard Mauz im »Spiegel« mit dem Titel »Hier ein Stück Wurst, dort ein Tritt«.[360] Das Schicksal Fabeyers, der offensichtlich weder Familie noch Freunde hat, bewegt Zuckmayer und seine Frau Gisela (1905-1985)[361], und er findet, man müsse sich um jemanden kümmern, der »unschuldig schuldig« geworden ist.

Doch der Musiker muss aus beruflichen Gründen in die Türkei zurück, und seine Frau hat beruflich viel zu tun – sie übersetzt Bücher aus dem Englischen ins Deutsche und organisiert Vorträge einer amerikanischen Gesellschaft in Deutschland, Italien, Frankreich und der Schweiz. Und so vergehen vier Jahre, bis Gisela Zuckmayer, nach einem Besuch bei Freunden in Osnabrück, den Häftling 1971 erstmals in Celle besucht.[362] Als Eduard Zuckmayer im Juli 1972 stirbt, hält es die Witwe für ein Vermächtnis ihres Mannes, sich intensiver um Fabeyer zu kümmern. Bald fährt die sozial engagierte Frau aus Frankfurt am Main regelmäßig nach Celle zu Besuch, und es entwickelt sich ein reger Briefwechsel, mit ihm wie mit der Gefängnisleitung.

Gisela Zuckmayer wird zu einer Art Muttersatz. Zum Weihnachtsfest 1976 holt sie ihren »Schützling«, wie sie selbst ihn nennt, von Celle mit dem Zug ab und nimmt ihn für vier Tage bei sich auf. Die beiden gehen einkaufen, verbringen mit einer befreundeten Familie Heiligabend und fahren am 27. Dezember wieder mit der Bahn zurück. Weil die Öffentlichkeit über die Medien davon erfährt und die Sache »viel Staub aufgewirbelt« hat, berichtet Zuckmayer ausführlich dem Justizministerium in Hannover vom Urlaub des Häftlings.[363] In der Haftanstalt sind die Mitarbeiter der Meinung, dass sich Fabeyer nach wie vor unselbständig und unsicher verhält und ihm deshalb diese Kontakte zur Außenwelt guttun.

In einem 17-seitigen Brief vom 25. März 1982 an den niedersächsischen Ministerpräsidenten Ernst Albrecht setzt sich Gisela Zuckmayer für die Begnadigung des prominenten Gefangenen ein, unterstützt vom ehemaligen Oberlehrer Hoymann, der diesen Schritt auch angesichts des fortgeschrittenen Alters und der angegriffenen Gesundheit der 76-jährigen Betreuerin befürwortet.[364] Das Gnadengesuch begründet der Pädagoge im Mai 1982 im Brief an Albrecht mit ungewöhnlichen Worten:

> *»1.) Vergleiche hinken immer!!! – Bruno ist ein armes ›Schwein‹! – Eine ›Ratte‹ kann man verjagen, wenn man sie aber in die Enge treibt, dann beißt sie. Bruno ist in seinem Leben immer nur der Gejagte gewesen. Bis auf seine Mutter sind ihm wohl nur wenige ›Menschen‹ begegnet.*
> *2.) Ich habe während meiner Tätigkeit in der JVA keinen Betreuer getroffen, der so viele ideelle und materielle Opfer gebracht hat wie Frau Zuckmayer. Und wenn eine solche Tat ihre Belohnung finden soll, dann eilt es, denn Frau Zuckmayer ist alt und kränklich. Es wäre auch für Bruno schlecht, wenn er ›Mutter-Zuckmayer‹ nur noch auf dem Friedhof besuchen könnte.«*

Der katholische Anstaltspfarrer Leo Folger kommt der Bitte Zuckmayers nach und gibt ebenfalls eine positive Einschätzung zu ihrem Antrag ab. Regelmäßig hat er Fabeyer bei den Gottesdiensten gesehen, ihn danach, in der Zelle und am Arbeitsplatz gesprochen. Folger befürwortet die Begnadigung auch wegen der Kontakte des Häftlings in den Frankfurter Raum. Sein evangelischer Kollege Peter Rassow ist ein weiterer Unterstützer. Er bittet darum, dass in absehbarer Zeit bei dem langjährigen Gefangenen Gnade vor Recht ergeben sollte.[365]

Die Staatskanzlei wendet sich mit der Bitte um Stellungnahme an das Justizministerium, doch bis zu einer Antwort vergehen Monate. Die Vertreter aller im Gnadenverfahren angehörten Behörden lehnen die Begnadigung einhellig ab.[366] Der Leitende Oberstaatsanwalt Martin Dreher aus Osnabrück hält sie für verfrüht, der Leiter der JVA Celle, Paul Kühling, schlägt eine weitere Erprobung des Verurteilten im Freigang vor, wie Justizminister Walter Remmers (CDU) dem Ministerpräsidenten mitteilt.

Immerhin darf Fabeyer allein mit der Bahn von Celle nach Frankfurt fahren. 48 Ausgänge und 91 Tage Urlaub werden dem Häftling von Ende 1976 bis 1983 gewährt.[367] Weil alles ohne Beanstandung verläuft, entscheidet sich die Anstaltsleitung, ihn ab dem 3. März 1983 versuchsweise außerhalb des Gefängnisses zu beschäftigen – im Freigang. Nach 16 Jahren Haftaufenthalt ohne Unterbrechung handelt es sich um den Versuch, ihn wieder an ein normales Leben zu gewöhnen. Das Justizministerium stimmt zu.

Doch keine zwei Wochen später, am 15. März, ist Fabeyer erneut auf der Flucht.[368] Zufällig feiert genau an diesem Tag Waldemar Burghard, nun Direktor des Landeskriminalamts Niedersachsen, Jubiläum und wird mit Blumensträußen überhäuft: 40 Jahre ist er Polizist und seine Pensionierung steht kurz bevor. Die »Bild«-Zeitung, Regionalausgabe Hannover, titelt aus diesem Anlass: »Der Mann, der den ›Waldmenschen‹ fing.«[369]

Als Freigänger verrichtet Fabeyer bei einer Getränkefirma in Celle leichte Arbeiten – und von dort setzt sich der 56-Jährige mit einem Fahrrad ab. Anstaltsleiter Kühling geht von einer Kurzschlusshandlung aus; er vermutet, der schwer unter Thrombosen leidende Häftling sei nicht mit seiner Arbeit fertiggeworden. Aus Angst, sein Versagen eingestehen zu müssen, habe er die Flucht ergriffen. »Ich habe ihn als sehr sensiblen Mann kennengelernt«, fügt Kühling hinzu.[370]

Die Polizei leitet erneut eine bundesweite Großfahndung ein. Demnach misst Fabeyer 1,74 Meter, hat dunkelblondes Haar, auffallend große Ohren und lückenhafte Zähne. Inzwischen trägt er eine Brille (Abb. 22-24). Vieles deute darauf hin, so vermutet der »Weser-Kurier«, dass er sich zu seiner Frau nach Hessen durchschlagen wolle. Damit ist Gisela Zuckmayer gemeint, auch wenn sie nicht »seine« Frau ist.

Abb. 22 (oben links), Abb. 23 (oben rechts), Abb. 24 (unten):
Aufnahmen von Bruno Fabeyer aus den 1980er Jahren. Inzwischen trägt er eine Brille.

Tatsächlich ist Fabeyer mit dem Zug nicht von Celle nach Frankfurt gefahren, sondern über Hannover nach Osnabrück. Aber sein Ausflug in die Freiheit dauert nur zwei Tage – am 17. März greift eine Streife den geflüchteten Häftling gegen 18 Uhr am Burggartenweg in Bramsche bei Osnabrück auf.[371] Eine Frau hat ihn dort nahe am Mittellandkanal gesehen. Fabeyer gleicht einem Häufchen Elend, ist fix und fertig. Die Füße hat er voller Blasen. Er sagt später, er habe lediglich die Gräber seiner Mutter und seines Bruders aufsuchen wollen.[372] Das hat er wohl zeitweilig vorgehabt, aber weder hat er den Hasefriedhof in Osnabrück aufgesucht, noch zog es ihn tatsächlich dorthin.[373]

Zurück in Celle, berichtet er einen Tag danach in einer Vernehmung in der JVA detailliert von seiner Flucht. Demnach hat er am 15. März frühmorgens den Zug nach Hannover bestiegen, wo er im Justizministerium erklären wollte, dass er seine Arbeit nicht schafft. Doch in der Landeshauptstadt angekommen, verlässt ihn der Mut, und er steigt um in einen Zug nach Osnabrück. Vom Hauptbahnhof aus geht er über die Stadtteile Schinkel und Dodesheide Richtung Norden zum Haster Berg und versteckt sich dort. Sein Ziel ist es, in Engter-Schleptrup einen früheren Strafgefangenen zu besuchen, den Bauern Helmut B., der ihn wieder zum Bahnhof in Osnabrück bringen soll.

Doch in der Landschaft findet sich der Mann, den man »Waldmensch« nannte, nicht mehr zurecht. Früher hat er die Gegend gut gekannt, jetzt haben sich die Rahmenbedingungen geändert, und neue Straßen, Gebäude und Bahnlinien erschweren die Orientierung.[374] In der ersten Nacht will er nach Rulle, verläuft sich und kehrt zum Haster Berg in Osnabrück zurück. »In einem Wald habe ich mich auf meine Aktentasche gesetzt, an einen Baum gelehnt und den Regenschirm aufgespannt, weil es regnete«, sagt er in der Vernehmung.[375]

Am 16. März kauft er sich nachmittags an der Berningstraße in Haste etwas zu essen, überquert auf einer Brücke die Bundesstraße B 68, wandert vorbei an Gut Honeburg bis zum Rand des Piesbergs, wo er sich ausruht. An den Steinbrüchen setzt er den Weg fort, durchquert Pye und spürt in der Nacht, dass seine Füße und Beine schmerzen. Langsam schlendert er Richtung Pente am Zweigkanal entlang. Gegen 5 Uhr in der Dämmerung wird ihm klar: Seinen Bekannten kann er nicht erreichen. In einer Kiefernschonung am Kanal hält er sich bis zum Nachmittag auf. Es fängt an, stark zu regnen. »Ich kannte die Gegend nicht mehr und fand mich nicht zurecht«, sagt Fabeyer. Bei einem etwa 14-jährigen Mädchen erkundigt er sich nach dem Weg zum Bauern B. und erfährt, dass er genau in der falschen Richtung unterwegs gewesen ist.

Dann nähert sich in Bramsche langsam ein Polizeiauto, und die Streife fragt ihn nach dem Namen. Fabeyer nennt einen ausgedachten Nachnamen, aber seine Lüge nehmen ihm die Beamten nicht ab. Er wirke hilflos und weltfremd, erklären sie später. Fabeyer habe Brotreste bei sich getragen und als Einzelkämpfer zu leben versucht. Bei der Festnahme trägt er einen Mantel, der von den Nächten im Freien durchnässt, zerdrückt und verschmutzt ist. Die Polizisten finden bei ihm ein Klappmesser, das sie sicherstellen, weitere Messer, Scheren, eine Pinzette und einen Schlüsselbund.[376] Noch am selben Abend wird Bruno Fabeyer in die JVA Celle zurückgebracht.[377]

Straftaten hat er nicht begangen, aber wegen der Einstufung als gefährlicher Gewohnheitsverbrecher kommt er erneut in Sicherungsverwahrung. Der Freigang ist zunächst vorbei. Seit dem 22. März 1983 arbeitet er im Seidebetrieb und verrichtet leichte Näharbeiten bei der Produktion von Schreibmaschinenbändern, eine Tätigkeit, die er bereits zuvor mehrere Jahre ausgeführt hat.[378]

Der NOZ-Redakteur Rainer Lahmann-Lammert greift wenige Jahre später in einer knapp 20-seitigen Geschichte diese Flucht Fabeyers auf. Der Journalist nimmt sie zum Anlass, um zu beschreiben, wie der entflohene Häftling mit den Veränderungen der einst vertrauten Umgebung konfrontiert wird, und wie sich die Landschaft verändert hat durch neue Siedlungen und ein Gewerbegebiet, durch Schnellstraßen und abgeholzten Wald.[379] Für diesen Beitrag erhält Lahmann-Lammert 1987 den Literaturpreis »Umwelt« des Landes Nordrhein-Westfalen, und der Text ist in einer Anthologie veröffentlicht. »Dieses glaubhafte Erzählen läßt den Leser später die zerstörte Natur gleichsam mit den Augen des ›Aussteigers‹ sehen«, schreiben die Herausgeber im Vorwort.[380]

Fabeyer wird weiterhin von Gisela Zuckmayer betreut, die auf der Suche nach jüngeren Betreuern aus ihrem Bekanntenkreis die Soziologin Ursula Rojczyk anspricht, außerdem deren Mann, den Rechtsanwalt Peter Rojczyk, und deren Exmann, den Wirtschaftsingenieur Werner Roos. Sie alle engagieren sich in Frankfurt am Main ehrenamtlich für »medico international«, eine 1968 gegründete Hilfs- und Menschenrechtsorganisation, die Projekte des Gesundheitswesens in Afrika, Asien und Lateinamerika fördert. Werner Roos und Ursula Rojczyk empfinden, wie diese schreibt, »spontane Sympathie für Bruno Fabeyer, die ganz selbstverständlich gepaart war mit einer Art Mitleid für seinen katastrophalen Lebensweg.«[381]

Im August 1983 äußert sich Ursula Rojczyk in einem Schreiben an die Osnabrücker Staatsanwaltschaft zu den Zukunftsaussichten für Fabeyer im Fall einer Entlassung oder Begnadigung aus der Haft in Celle.[382] Weil sich der Gesundheitszustand der mittlerweile

78-jährigen Gisela Zuckmayer verschlechtert, kümmert sich Rojczyk zunehmend um den Häftling und nimmt ihn wie ihre Vorgängerin im Urlaub auf. Sie hält es für sinnvoll, Fabeyer in einer beschützenden Werkstatt oder einem Altersheim unterzubringen, wo er leichte Arbeiten wie Gartenpflege oder Küchendienste übernehmen könnte – und zwar außerhalb von Frankfurt, jedoch nahe genug, um gegenseitige Besuche zu ermöglichen. Die Betreuerin erklärt:[383]

»Eine Großstadt wie Frankfurt birgt für Herrn Fabeyer unseres Erachtens doch eine Menge Gefahren, z. B. in etwas ganz unbeabsichtigt, weil völlig naiv und gutmütig, hineingezogen zu werden. Gemeinsam mit unseren Bekannten, unter denen sich auch Sonder- und Sozialpädagogen, Psychologen und Sozialarbeiter finden, hoffen wir, eine geeignete Stätte zu finden, in der Herr Fabeyer seinen Lebensabend friedlich verbringen kann. Für die Finanzierung würden wir gemeinsam aufkommen.«

Fabeyer selbst schreibt am 17. August 1983: »Ich bin am Ende meiner Kräfte und bitte um Entlassung aus der Haft.« Doch der Leiter der JVA Celle hält zunächst eine gründliche psychiatrisch-psychologische Begutachtung für erforderlich, bevor eine Entlassung näher geprüft werden könne.[384] Und so wird der Häftling von Thomas Th. Lindner, einem Hamburger Facharzt für Psychiatrie, eingehend untersucht. Lindner erinnert in seinem 33-seitigen Gutachten an frühere psychiatrische Untersuchungen in den Jahren 1952, 1957, 1967 und 1979. Für den Fall einer Entlassung empfiehlt der Mediziner, Fabeyer in einem Wohn- oder Alterswohnheim unterzubringen, und sieht darin die »einzig sinnvolle Perspektive«.[385]

Im März 1984 lehnt es die Strafvollstreckungskammer des Landgerichts Lüneburg bei dem Amtsgericht Celle ab, den Rest der Freiheitsstrafe und die Sicherungsverwahrung zur Bewährung auszusetzen. Dagegen spreche die Schwere der Schuld. Da Fabeyer in Freiheit weitgehend lebensuntüchtig sei, müsse er schon lange vor einer bedingten Entlassung durch Ausgänge und Urlaub an ein Heim gewöhnt werden. Gegen diese Entscheidung legt Fabeyers Anwältin Barbara Becker-Rojczyk aus Frankfurt Beschwerde ein, zieht diese aber später zurück.[386]

Am 22. April 1985 schreibt Ursula Rojczyk an Ernst Albrecht, sie, ihr jetziger und ihr ehemaliger Mann hätten der inzwischen verstorbenen Gisela Zuckmayer fest versprochen, Fabeyer nicht im Stich zu lassen. »Dieses Versprechen möchten wir nicht nur ihr zuliebe halten, sondern auch, weil wir Bruno Fabeyer in all den Jahren liebgewonnen haben.«

Ein Jahr später wird nach längerer Suche ein Heim gefunden, das vom »Frankfurter Verein für soziale Heimstätten e. V.« betrieben wird. Nun befürworten die beteiligten Behörden – der Leiter der JVA Celle, der Vorsitzende des Gerichts erster Instanz und der Vorsitzende der Strafvollstreckungskammer, der Leitende Oberstaatsanwalt in Osnabrück und der Generalstaatsanwalt in Oldenburg einen Gnadenerweis. So kommt es, dass Fabeyer nach Hessen zieht.[387] Bis dahin hat der inzwischen 60-Jährige mehr als die Hälfte seines gesamten Lebens in Heimen und Haft verbracht.

Mit Wirkung zum 1. April 1987 wird er vom niedersächsischen Ministerpräsidenten Ernst Albrecht (CDU) begnadigt, unter der Auflage, im Wohnheim »Hacienda« in Maintal-Dörnigheim östlich von Frankfurt zu wohnen, wo 75 chronisch Kranke betreut werden, darunter Strafentlassene. Fabeyer muss sich einem Bewährungshelfer unterstellen und darf seinen Aufenthaltsort nur mit dessen Zustimmung wechseln.[388] Höflich bedankt sich Fabeyer per Brief bei Albrecht für die Begnadigung und schreibt, ihm gehe es in der »Hacienda« sehr gut. Seine Frankfurter Freunde hätten ihm den Anfang seiner Freiheit »sehr gut überbrückt«.[389]

Im Oktober übernimmt Birgit Fritscher, Bewährungshelferin beim Landgericht Hanau, die Aufsicht. Sie notiert 1989, Fabeyer scheine sich in der »Hacienda« wohlzufühlen, auch wenn er mehrfach den Wunsch geäußert habe, sich eine eigene Wohnung suchen zu wollen.[390]

Fabeyer gelte als einer der körperlich und geistig agilsten Heiminsassen. Dennoch hält es die Bewährungshelferin für verfrüht, wenn er ausziehen und allein leben würde. Im Sommer lädt ihn Ursula Rojczyk zu einer Kurzreise nach England ein, und an Feiertagen wie Ostern und Weihnachten besucht sie ihn.

Im Herbst 1988 wird Fabeyer in den Beirat der »Hacienda« gewählt, ein Amt, in dem er oft mit der Heimleitung zu verhandeln hat. Das, so urteilt die Bewährungshelferin, bedeutet für ihn eine gewisse Anerkennung. Mit dem Fahrrad übernimmt Fabeyer Besorgungen für andere Mitbewohner. Im Heim sammelt er, wie die NOZ berichtet, Ersatzteile für sein Fahrrad und Sperrmüll in Massen.[391] In seinem Zimmer sollen Schreckschusswaffen und Messer gefunden worden sein. Fabeyer soll stundenlange Radfahrten durch die Wälder unternommen und sich nicht in das soziale Gefüge des Heims eingepasst haben. Dazu passt die Beschreibung der Bewährungshelferin, dass sich Fabeyer mit Fahrradausflügen seinen Ärger von der Seele geradelt hat.

Der ehemalige Häftling hat laut NOZ nur zu einer alten Dame, Eva Eisenhuth, Kontakt; ihr bringt er das Essen aufs Zimmer.[392] Wie die Bewährungshelferin der Staatsanwaltschaft mitteilt, gibt es Momente, »in denen er am liebsten vor allem davongelaufen wäre«, also sich eine eigene Wohnung hätte suchen wollen. Fabeyer versprach sich davon wohl mehr Bequemlichkeit und weniger Streit mit anderen Heiminsassen sowie die Befreiung von der im Heim vorherrschenden Unterordnung. Doch die Bewährungshelferin und der Betreuer Peter Rojczyk halten den Heimaufenthalt für die bessere Alternative zu einer Wohnung und versuchen mit aller Kraft, ihn davon zu überzeugen. Ernsthaft drängt er auch gar nicht auf einen Auszug, möglicherweise will sich Fabeyer nur Aufmerksamkeit verschaffen.

Im Frühjahr 1992 schreibt die Bewährungshelferin der Osnabrücker Staatsanwaltschaft, weil die Gnadensache bald endet.[393] Die Zusammenarbeit mit Fabeyer hält sie für problemlos. Im Gegensatz zu manch anderen Probanden habe er seine Termine äußerst pünktlich wahrgenommen und sei mitunter außerplanmäßig in der Beratungsstelle erschienen. Er habe sogar den Wunsch geäußert, sich nach seiner Bewährungszeit zu melden. Die Bewährungshelferin empfiehlt, die Gnadensache abzuschließen und die Freiheitsstrafe zu erlassen. So geschieht es: Am 15. Mai 1992 erlässt der niedersächsische Ministerpräsident Gerhard Schröder (SPD) Fabeyer den Rest der Strafe, deren Vollstreckung mit einer Bewährungszeit von fünf Jahren ausgesetzt war.

Am 20. Januar 1999 wird Fabeyer aus gesundheitlichen Gründen von der »Hacienda« in Maintal in die rund 45 Kilometer entfernte »Residenz Royal« verlegt, ein Altenpflegeheim in Bad Orb im Main-Kinzig-Kreis, wo niemand seine Vergangenheit kennt. Die Kurstadt liegt zwischen bewaldeten Bergen im Naturpark Spessart, in »einem der größten zusammenhängenden Waldgebiete Deutschlands«, wie in Wikipedia zu lesen ist. Doch hier bleibt er nur knapp drei Wochen. In dem Haus in direkter Nähe zum Kurpark stirbt der Mann, der »Waldmensch« genannt wurde, am 8. Februar 1999 um 4 Uhr morgens im Alter von 72 Jahren an Herzversagen.[394]

Die NOZ berichtet aber erst am 1. Mai, fast drei Monate später, weil die Lokalredaktion erst mit großer Verzögerung vom Tod erfährt.[395] Demnach stirbt Fabeyer einsam und anonym. Seine Ruhestätte findet er in einer Einzelurnenwand des Friedhofs von Bad Orb. Ein Name steht nicht auf der Marmorplatte, die Fabeyers Asche einschließt, die Kosten für die Inschrift hat sich die Verwaltung gespart. Nicht einmal die junge Heimleiterin hat von der Vergangenheit des Mannes gewusst, der in ihrem Haus gestorben ist.

Nach seinem Tod schreibt der ehemalige Osnabrücker Kripo-Chef Burghard in der Zeitschrift »Kriminalistik« einen Nachruf auf Bruno Fabeyer. Wie berichtet, hat sich Burghard 1966/67 intensiv mit der Fahndung nach dem Serientäter und den Pannen der Polizei beschäftigt. 1971 wird er Leiter der Kriminalpolizei bei der Polizeidirektion Hannover und 1974 Direktor des LKPA Niedersachsen, das 1981 in Landeskriminalamt umbenannt wird. 1983 tritt Burghard in den Ruhestand, doch selbst Jahre später lässt ihn der Fall Fabeyer nicht los. Und so skizziert er im Nachruf noch einmal die spektakuläre Flucht.

Im Mittelpunkt steht indes weniger die Persönlichkeit des Täters, sondern die Arbeit der Polizei. »Es gibt Anzeichen dafür«, so schreibt Burghard, »daß es der Polizei noch immer schwer fällt, aus den Fehlern anderer unmittelbar zu lernen.« Länderinteressen würden nach wie vor obenan stehen, aber es wäre »billig«, »die damaligen Mißerfolge allein auf die föderalistische Gliederung der Bundesrepublik zu schieben, wie es immer wieder getan wurde.« So viel sei sicher:

> *»Fabeyer hat Mängel und Grenzen einer bundesweiten Fahndung aufgezeigt, die – wenn überhaupt – erst sehr zögernd und nicht immer vollkommen beseitigt wurden. Und er hat Eigenwilligkeiten und Überheblichkeiten von Bundesländern aufgedeckt, die immer wieder noch einmal durchscheinen. Bis auf den heutigen Tag. Deshalb erscheint es nicht ausgeschlossen, daß ein Fall Fabeyer nicht wie gehabt, aber doch so ähnlich wieder einmal passieren könnte.«*[396]

Der Fall Fabeyer als Schulbeispiel

Der Fall Fabeyer etablierte sich als zentraler Zugang zum westdeutschen Diskurs über die Arbeit der Kriminalpolizei, wie der Schweizer Historiker Hannes Mangold in seiner Dissertation »Fahndung nach dem Raster« formuliert.[397] Der Fall ist auch deshalb bundesweit bekannt geworden, weil der Eindruck entstand, dass die Fahnder mit veralteten Mitteln arbeiteten, wie dem kriminalpolizeilichen Meldedienst (KPMD), der als Informationssystem in der Verbrechensbekämpfung diente.[398] Dieses Karteisystem kombinierte unaufgeklärte Straftaten mit bekannten Straftätern, denn die Kripo nahm an, Wiederholungstäter könnten für die meisten Delikte verantwortlich gemacht werden.

Aber das System funktionierte nicht, obwohl es sich bei Fabeyer um einen Wiederholungstäter handelte – einen Verbrecher, der jeweils in der Nacht in Häuser einbrach, Nachschüssel verwendete, kleine Bargeldbestände sowie Nahrungs- und Genussmittel entwendete, vor allem Süßigkeiten, und dann mit einem gestohlenen Damenfahrrad flüchtete. »Das prädestinierte den Fall als Beispiel für eine Kritik am KPMD«, meint Mangold. »Wenn der Meldedienst sogar vor jenen Tätern kapitulierte, auf die er eigentlich spezialisiert war, stellte das seine Legitimation fundamental in Frage.«[399]

Ein Problem war, dass die örtliche Polizeidienststelle Bagatelldelikte nur dann höheren Stellen melden durfte, wenn sie den begründeten Verdacht auf einen überörtlichen Täter oder Berufsverbrecher vermutete.[400] Das sollte die Kripo vor Arbeitsüberlastung schützen, erwies sich aber bei Fabeyer als hinderliche Schranke. Denn erst nach den Schüssen auf den Gretescher Postbeamten Alois Broxtermann kamen die Beamten darauf, dass ein einziger Serientäter die Einbrüche begangen hatte.

Selbst als Fabeyer längst sein Aktionsgebiet in den Süden verlegt hatte, außerhalb Niedersachsens, setzten die Osnabrücker Ermittler auf den KPMD. Sie hofften, mit Hilfe des Meldedienstes von Kollegen in der gesamten Bundesrepublik über jene Einbrüche informiert zu werden, die mit Fabeyers Vorgehensweise übereinstimmten. Aber da er nur Bagatelldelikte beging, mussten diese nicht gemeldet werden.[401]

Für die Presse, etwa für den »Spiegel«, war der Fall Fabeyer »geradezu ein Schulbeispiel für die Unzulänglichkeiten bundesdeutscher Verbrechensbekämpfung«. Aus dem Einzelfall wurde ein Beispielfall. Zwei Jahre nach Fabeyers Verurteilung veröffentlichte der »Spiegel« im April 1969 eine Titelgeschichte mit der Frage: »Versagt die Kripo?« Der

Leitartikel war mit »Zu laut, zu langsam« überschrieben, mit genau der Kritik, die Fabeyer nach seiner Verhaftung an der Polizei geäußert hatte.[402]

Und der »Stern« machte – wie erwähnt – die lange erfolglose Fahndung zu einem Lehrstück über die Fehler der westdeutschen Kriminalpolizei, die einen übertriebenen Föderalismus pflege.[403] In den Artikeln pries das Magazin allerdings eine zentral geführte deutsche Reichspolizei als bewundertes Vorbild, das die Siegermächte nach dem Zweiten Weltkrieg verhindert hätten. Weil die Journalisten die Verstrickung der Reichspolizei in die NS-Diktatur ausblendeten, war dies für Mangold ein Beleg für »den haarsträubend unkritischen Umgang der Autoren mit der Vergangenheit.«[404]

Dass die Ermittlungen in der Luft hingen, lasteten die »Stern«-Autoren nicht dem Osnabrücker Kripo-Chef Burghard an, der nach ihrer Darstellung sogar »einer der erfolgreichsten Verbrecherjäger in der Bundesrepublik« war. Die Ursache für das erfolglose Vorgehen der Polizei sahen sie in einer mangelhaften Organisation und einem übertriebenen Föderalismus.[405] Zugleich hatte sich der Typ des Verbrechers gewandelt, denn Fabeyer war nicht ausschließlich im Wald unterwegs, sondern fuhr unauffällig gekleidet mit der Bundesbahn quer durch Deutschland, wie die »Zeit« feststellte.[406]

Fabeyer agierte mobil, war anpassungsfähig und verhielt sich aus der Sicht der Ermittler einerseits wie ein Gewohnheitsverbrecher und andererseits wie ein Partisan, obwohl er sich von der klassischen Definition des Partisanen unterschied: Seine Straftaten waren nicht politisch motiviert, er gehörte keiner paramilitärischen Organisation an und beging seine Einbrüche als Einzelgänger, nicht als Teil einer konspirativen Kleingruppe.[407]

Seine Mobilität stellte die größte Herausforderung für die Polizei dar, denn damit war das System des KPMD überfordert.[408] Die Medien konnten anhand der Fahndung nach ihm zeigen, warum die zu dieser Zeit technologisch rückständige Polizei ein besseres Informationssystem benötigte als die Karteikarten in der veraltet erscheinenden Papierform, und weshalb sie die elektronische Datenverarbeitung einführen sollte: zum Beispiel, um reisende Verbrecher wie Fabeyer zu fangen.[409] Die sozialliberale Bundesregierung unter Willy Brandt übernahm diese Auffassung und startete ein »Sofortprogramm zur Modernisierung und Intensivierung der Verbrechensbekämpfung«. Damit baute die Kriminalpolizei ein digitales Informationssystem auf, und die EDV wurde beim BKA eingeführt.[410] Zugleich verschwand der Fall Fabeyer aus dem deutschen Sicherheitsdiskurs in der Bundesrepublik.[411]

Überholt war ebenso das Bild des Gewohnheitsverbrechers, eine kriminalistische Kategorie, in die auch Fabeyer eingestuft wurde.[412] Es stammte aus den 1920er Jahren und diente dazu, vor allem jene Kriminellen zu erfassen, die immer wieder straffällig wurden und bei ihren Taten nach dem gleichen Muster vorgingen – perseverant, wie es in der Fachsprache hieß. Die Polizeireformer argumentierten, der Gewohnheitsverbrecher gehöre ins Reich der Geschichte.

Exkurs: Im Wald versteckt

Der Wald steht für das wilde, freie und einsame Leben abseits der Zivilisation. Dass Kriminelle wie Fabeyer in den unzugänglichen Forst fliehen, sich der Justiz entziehen oder dort Raubüberfälle verüben, daran erinnert schon das Volkslied »Im Wald, da sind die Räuber«. In etlichen Erzählungen aus dem Mittelalter und der Neuzeit ist davon zu lesen. Man denke nur an die englischen Balladen über die Heldenfigur Robin Hood im Sherwood Forest. Oder an die Geschichten über den 1803 hingerichteten Räuber Johannes Bückler, besser bekannt als Schinderhannes, die im kollektiven Gedächtnis verankert sind. Wie Bückler und seine Komplizen im Hunsrück und Taunus, agierten Räuberbanden in Südwest- und Westdeutschland schon seit der Frühen Neuzeit besonders auf dem Land.[413] Sie operierten in territorial zerklüfteten Regionen und konnten so rasch in ein benachbartes Herrschaftsgebiet wechseln und damit eine effektive Strafverfolgung erschweren. Der in Bayern bekannte Räuber Mathias Kneißl, 1875 geboren und 1902 mit dem Fallbeil hingerichtet, lebte zeitweilig von Wilderei und Diebstahl und zog sich auf der Flucht vor der Polizei in die dichten Wälder zwischen Altomünster und Nannhofen zurück. Die ausgedehnten Waldgebiete haben in den Sagen und Berichten über diese Männer etwas Unheimliches, sie sind Aufenthaltsorte ungezähmter Tiere und furchteinflößender Gestalten, denen man nicht trauen kann.

Im 20. und 21. Jahrhundert berichten Zeitungen immer wieder über Wanderer, Spaziergänger und Pilzsammler, die abseits der Wege auf Leichen oder Knochen in einem Waldstück stoßen. Grausige Funde, die ihren Grund oft darin haben, dass Mörder ihre Opfer unter Zweigen und Büschen abgelegt oder verscharrt haben. So wird im Osnabrücker Raum eine 75 Jahre alte Frau aus Melle im Dezember 2018 in einem Waldgebiet in Hasbergen getötet: In der Nähe der Hüggelschlucht wird sie in einem Gebüsch oberhalb des Augustaschachtes leblos aufgefunden.[414] Im Nachbarort Hagen am Teutoburger Wald entdecken Spaziergänger in einem abgelegenen Waldstück ein Erddepot mit einem illegalen Waffenlager, mit einer Kalaschnikow, Typ AK47, einer anderen Langwaffe und 1400 Schuss in einem vergrabenen Kunststoff-Fass.[415] Das Erddepot liegt unter Zweigen versteckt und ist mit Holzbrettern abgesichert und mit Plastikplane ausgekleidet.

Es ist zwar kein Massenphänomen, dass sich kriminelle Außenseiter allein im Wald verstecken und dort Depots anlegen, aber es kommt vor. Bruno Fabeyer ist nicht der Einzige, der diesen Rückzugsort wählt. Dazu drei Beispiele:

Dieter Zurwehme

Die Vorhersage von Kripo-Chef Burghard, ein Fall Fabeyer könnte wieder passieren, ist nicht direkt eingetroffen. Aber ausgerechnet 1999, im Todesjahr des Serientäters, wird ein Schwerverbrecher erst nach fast neun Monaten auf der Flucht gefasst, und nun ist er derjenige, der wie Fabeyer 33 Jahre zuvor als Deutschlands meistgesuchter Verbrecher gilt: Dieter Zurwehme. So manchen Beobachter erinnert die Fahndung nach dem Flüchtenden an jene nach Fabeyer. Einer von ihnen ist Hansi Walden, Polizeibeamter im Ruhestand, der 1966 an der Suche nach dem Osnabrücker Seriendieb teilgenommen hat. Jahrzehnte danach beschreibt er dem »Mindener Tageblatt« den Unterschied zur aktuellen Suche so: »Damals gab es noch nicht so viele Fernsehsender.«[416]

Am 2. Dezember 1998 kehrt Zurwehme nicht von seinem 166. Freigang ins Gefängnis zurück, sondern flüchtet aus dem offenen Vollzug der JVA Bielefeld-Senne. Auf der Suche nach Zurwehme umstellen Polizisten ein Waldstück in Ostermunzel, 15 Kilometer westlich von Hannover zwischen Wunstorf und Barsinghausen. Rund 100 Beamte sind im Einsatz, aber den Gesuchten packen sie nicht.[417] Zu weiteren Parallelen gehören Ermittlungspannen der Polizei und ein hoher Erfolgsdruck, die Suche mit einem Großaufgebot, eine aufgeheizte Stimmung, falsche Verdächtige, eine große mediale Aufmerksamkeit und die Tatsache, dass der Täter immer wieder um Haaresbreite entwischt. Die Hysterie bei der Fahndung geht so weit, dass ein Zivilfahnder in einem Hotel in Thüringen versehentlich einen unbescholtenen Wanderer erschießt. Diese Fahndungspanne thematisiert das Deutschlandradio in einem Hörspiel mit dem Titel »Stress und Jagdtrieb?«.[418]

Monatelang bleibt Zurwehme verschwunden. Wie Fabeyer ist er zeitweilig mit dem Fahrrad unterwegs, und als Fußgänger soll er Wanderstock und Rucksack mit sich geführt haben. Einmal umstellen Fahnder ein Maisfeld, doch es gelingt ihm trotzdem, zu fliehen. Am 19. August kann die Polizei schließlich den Verbrecher auf der Straße in Greifswald stellen, und wie Fabeyer leistet Zurwehme keinen Widerstand. »Ich bin der, den Sie suchen«, soll er den Beamten gesagt haben. Zwar ist er ebenfalls ein Gewohnheitsverbrecher, aber es besteht doch ein gravierender Unterschied zu Fabeyer: Zurwehme hat mehrere Morde begangen.[419]

Das »Phantom vom Kornberg«

Wenn er Hunger hat, bricht er Jagd-, Ski- und Fischerhütten auf, nimmt Bierflaschen, Tiefkühlschnitzel oder Gummistiefel mit. So berichtet die »Süddeutsche Zeitung« 2014 über einen Waldmenschen im Nordosten Bayerns, der sich in den Wäldern rund um den Großen Kornberg bei Marktleuthen im Fichtelgebirge aufhält.[420] Die Einbruchsschäden an den aufgebrochenen Türen sind meistens bei weitem höher als der Wert der Diebesbeute.

Um nach dem »Phantom vom Kornberg« zu fahnden, bewegen sich die Beamten im Wald möglichst unauffällig: Sie radeln mit Mountainbikes, wandern mit Walking-Stöcken oder sammeln Pilze und setzen Suchhunde ein. Doch die Polizisten bekommen den Serieneinbrecher über Monate nicht zu fassen. Dabei kennen sie sogar den Namen des Waldläufers, nachdem der 61-jährige Mann, ein Tscheche, beim Essen in einer Hütte DNS-Spuren an einer Gabel hinterlassen hat.

Im Januar 2015 entdeckt die Polizei endlich im dichten Wald sein Versteck: einen mit Fichtenästen perfekt getarnten, selbstgebauten Zeltverhau in einem Sumpfgebiet, nur 50 Meter vom Waldrand entfernt.[421] Fußspuren im Schnee verraten den Einbrecher. Weil der Sturm um den Großen Kornberg heult, hört der schlafende Mann nicht, dass die Beamten seine Behausung betreten. In dem Versteck des Einsiedlers finden die Polizisten eine Räucherkammer, in dem der Täter gestohlene Lebensmittel und getötete Tiere aufbewahrt, entdecken Seife, ein entwendetes Fahrrad und einen selbstgebauten Jagdbogen. Wärme spendet in dem gut isolierten Tarnzelt eine Propangasheizung.

Mehr als 90 Einbrüche und Diebstähle werfen die Ermittlungsbehörden dem 61-Jährigen vor. Meistens hat er mit einem Geißfuß die Türen der Hütten aufgebrochen. Seit 2006 hat der Tscheche im Wald gelebt, unterbrochen von einigen Monaten in Österreich, wo man ihn 2010 inhaftiert, weil er mehr als 70 Einbrüche verübt hat. »Ich habe nur geklaut, um zu überleben. Die Lebensmittel habe ich mit meinem Freund, einem Dachs, geteilt«, wird Jan M. in einem Interview der »Frankenpost« vom 31. Januar 2015 zitiert. Der Waldläufer wird zur Kultfigur. Im Fichtelgebirge widmet man ihm sogar ein Lied.

Der Waldläufer von Oppenau

Im Schwarzwald lebt der mehrfach vorbestrafte Yves R. in einer illegal bewohnten, dunkelroten abgeschotteten Waldhütte, ein Mann ohne festen Wohnsitz, mit dem Ruf, ein Waffennarr zu sein. Der Einzelgänger streift durch die Wälder rund um Oppenau im Ortenaukreis. Als der 31-Jährige im Juli 2020 kontrolliert wird, entwaffnet er plötzlich vier Polizisten und flieht mit deren Dienstpistolen in den Wald. Mit einem Großaufgebot sucht die Polizei nach dem Täter. Steilhänge, Schluchten und Felsen in einem unwegsamen, riesigen, waldreichen Gelände erschweren die Fahndung.[422] Der Fall erregt bundesweit mediale Aufmerksamkeit.

Die Polizei setzt auf die Hilfe von Überlebensexperten, Polizeipsychologen und ortskundigen Förstern. Hubschrauber kreisen in der Luft, die Bergwacht sucht mit. Anfangs werden in Oppenau Kindertagesstätten und Schulen geschlossen.

Yves R. gilt als gefährlicher »Waldläufer«, der sich im Waldgebiet auskennt und allein in der Natur bestens zurechtkommt. Erst nach fünf Tagen Flucht gelingt seine Festnahme in einem Gebüsch.[423] Dabei verletzt er einen Beamten mit einem Beil am Fuß. Yves R., als »Waldläufer von Oppenau« und »Schwarzwald-Rambo« bezeichnet, wird im Februar 2021 vom Landgericht Offenburg unter anderem wegen Geiselnahme zu drei Jahren Haft verurteilt.

Die Erinnerung an Bruno Fabeyer – eine Schlussbetrachtung

Das Genre »True Crime«, also die Nacherzählung realer Kriminalfälle, ist populär – wahre Verbrechen faszinieren und finden ihre Fans in Zeitschriften, Podcasts, Büchern, Magazinsendungen und Fernsehserien. Und was für eine bedeutende Rolle Fabeyer in Werken über Aufsehen erregende Kriminalfälle spielt, zeigt sich darin, dass der aus Osnabrück stammende Einbrecher in mehreren Büchern jeweils in einem eigenen Kapitel beschrieben wird:

- 2006 in einem Buch des NDR über spektakuläre Kriminalfälle in Niedersachsen,
- 2014 in einem Werk von Gisbert Strotdrees über historische Kriminalfälle auf dem Land,
- 2017 in einem Buch über spektakuläre Kriminalfälle im 20. Jahrhundert, verfasst von Regina Stürickow,
- 2020 in einem Werk über wahre Kriminalfälle aus Hamburg, Bremen und Niedersachsen von Gerd Frank,
- 2021 in einem Buch der österreichischen Autorin, Schauspielerin und Kabarettistin Franziska Singer über wahre Verbrechen.

Die NOZ berichtet in ihren Lokalausgaben ebenfalls von Zeit zu Zeit über Bruno Fabeyer.[424] Er war ein gefährlicher Einbrecher, ein individuell operierender Serientäter, der ganz unterschiedliche Gefühle auslöste: Hass und Wut, Angst und Schrecken, Aufregung, Mitleid und Bewunderung.

Fabeyer erzeugte Hass und Wut, weil er einen beliebten Polizisten getötet und einen Mann schwer verletzt hatte. Er versetzte eine ganze Region in Angst, Hysterie und Schrecken, weil er überall auftauchen konnte und man annahm, dass er bewaffnet war. Seine Flucht sorgte im Raum Osnabrück für Aufregung, weil die Bevölkerung bei den Fahndungsmaßnahmen mitfieberte. Mitleid erregte er, weil er stotterte, eine harte Kindheit durchlitten hatte und auf seiner Flucht wie ein Tier gejagt wurde. Bewunderung, weil es dem Waldmenschen trotz intensiver Fahndung gelungen war, der Polizei über Monate zu entwischen.

Die Erinnerung an Fabeyer ist in der älteren Bevölkerung der Region Osnabrück ambivalent. Mit seinem abweichenden Verhalten war er ein Außenseiter. Gleichzeitig belegte Fabeyer den Strukturwandel in der modernen Gesellschaft, denn die Lokalpresse und andere Medien bauschten nun die Fahndung zu einer fragwürdigen Massenunterhaltung auf und bezeichneten den Täter als »Bestie«.[425]

Und heute? Mehr als 50 Jahre nach Bruno Fabeyers spektakulärer Flucht wären vermutlich die Ereignisse und die Strafverfolgung anders verlaufen, allein schon wegen einer moderneren Technik. Statt der unsicheren Buntbartschlüssel in den 1950er und 1960er Jahren sind Zylinderschlösser geläufig, die einen Nachschlüsseldiebstahl erschweren.

Kugelsichere Schutzwesten hätten den Tod eines Polizisten verhindern können, und bei einer Fahndung mit Hilfe von Wild- oder Wärmebildkameras hätte die Kripo den Täter möglicherweise leichter ausfindig gemacht. Das Wiehengebirge oder den nördlichen Teutoburger Wald als Rückzugsgebiet zu nutzen, wäre für einen Täter auf der Flucht heute schwieriger als 1966, zumal diese Region als »Natur- und Geopark TERRA.vita« intensiv für den Tourismus genutzt wird. Der Wald ist nicht mehr so einsam und undurchdringlich wie vor einem halben Jahrhundert, sondern von Borkenkäfern bedroht und durch beschilderte Wanderwege gut erschlossen.

Quellen-, Literatur- und Abbildungsverzeichnis

Quellen

Niedersächsisches Landesarchiv, Abteilung Osnabrück:
Dep 3c, Akz. 2012/101, Nr. 39
Rep 430, Dez. 201, Akz. 77/87, Nr. 19
Rep 430, Dez 902, Akz. 2003/068, Nr. 15
Rep 470 Osn, Akz. 16/97, Nr. 21
Rep 945, Akz. 2001/054, Nr. 212-215
Rep 945, Akz. 2003/038, Nr. 93 f.
Rep 945, Akz. 2004/048, Nr. 1-18
Rep 945, Akz. 2008/032, Nr. 4
Rep 947 Lin II 13291
Slg. 100 III Nr. 1023, Zugang: 0200/374 (»Osnabrücker Tageblatt« vom 22. August 1951)

Niedersächsisches Landesarchiv, Abteilung Hannover:
Hann. 154 Göttingen, Acc. 115/93, Nr. 2036
Nds. 50, Acc. 2017/72, Nr. 81 f.
Nds. 50, Acc. 2017/72, Nr. 175 f.
Nds. 147, Acc. 118/98, Nrn. 1/1-1/5

Niedersächsisches Landesarchiv, Abteilung Stade:
Rep. 86 Celle, Acc. 2009/027, Nr. 107-111

Literatur

Burghard, Waldemar: Bruno Fabeyer – ein Phänomen, in: Kriminalistik, 21. Jg. (1967), S. 505-507.

Burghard, Waldemar: Der Fahndungsfall Fabeyer. Vor allem ein Bericht über Erkenntnisse und Erfahrungen aus einer Großfahndung, in: Kriminalistik, 21. Jg. (1967), S. 620-624.

Burghard, Waldemar: Die 573 Tage des Bruno Fabeyer, in: Kriminalistik, 21. Jg. (1967), S. 561-567.

Burghard, Waldemar: Nachruf auf Bruno Fabeyer. Ein Typ, der Polizeigeschichte schrieb, in: Kriminalistik, 43. Jg. (1999), S. 415-417.

Dahl, Mathias / Frese, Heiko: Das Provinzial-Erziehungsheim in Göttingen und die praktische Umsetzung des Gesetzes zur Verhütung erbkranken Nachwuchses, in: Medizin, Gesellschaft und Geschichte, Bd. 20 (2001), S. 99-136.

Deutscher Bundestag: Plenarprotokoll, 5. Wahlperiode, 130. Sitzung, Bonn, Freitag, den 27. Oktober 1967, S. 6607.

Frank, Gerd: Wahre Kriminalfälle aus Hamburg, Bremen und Niedersachsen, Erfurt 2020.

Fuhrmann, Joachim / Schiffer, Werner: Dieter Wellershoff, Einladung an alle. Arbeitshilfen zu Buch und Film (Duisburg 1993).

Grawenhoff, Maik: Heimatland am Dütestrand. Post für »Lotte 1«, Bramsche 2013, S. 125-127.

Henrichvark, Frank: Osnabrück in der zweiten Hälfte des 20. Jahrhunderts, in: Gerd Steinwascher (Hrsg.), Geschichte der Stadt Osnabrück, Belm 2006, S. 767-890.

Henze, Arnd, Urteil gegen den „Moormörder“ Bruno Fabeyer (am 23.11.1967), WDR Zeitzeichen vom 23.11.2022.

Huge, Wolfgang: Der Landkreis Wittlage 1933-1972, Norderstedt 2021, S. 134-136.

Hunsicker, Ernst: Authentische Polizei- und Kriminalgeschichten. Zusammenfassung, Norderstedt 2020, S. 70.

Knippschild, Dieter: »Für mich ist der Krieg aus« – Deserteure in der deutschen Wehrmacht, in: Norbert Haase / Gerhard Paul (Hrsg.), Die anderen Soldaten, Frankfurt am Main 1995, S. 123-138.

Lahmann-Lammert, Rainer: Der Aussteiger, in: Westfälisches Literaturbüro in Unna e.V. (Hrsg.), Viel Zeit ist nicht mehr – Geschichten und Gedichte. Eine Auswahl zum Literaturpreis Umwelt, Brackwede bei Bielefeld 1987, S. 48-66.

Lamb, Stephen: Einladung an alle – Dokumentation und Wirklichkeit, in: R. Hinton Thomas (Hrsg.), Der Schriftsteller Dieter Wellershoff. Interpretationen und Analysen, Köln 1975, S. 66-88.

Mangold, Hannes: Der Fall Fabeyer und die Transformation der Verbrechensbekämpfung um 1967, in: Ruben Hackler / Katherina Kinzel (Hrsg.), Paradigmatische Fälle. Konstruktion, Narration und Verallgemeinerung von Fall-Wissen in den Geistes- und Sozialwissenschaften, Itinera 40/2016 (Beiheft zur Schweizerischen Zeitschrift für Geschichte), S. 107-118.

Mangold, Hannes: Fahndung nach dem Raster. Informationsverarbeitung bei der bundesdeutschen Kriminalpolizei, 1965-1984, Zürich 2017 (Diss. 2016).

Mauz, Gerhard: Die Gerechten und die Gerichteten, Frankfurt (Main) 1968, S. 30-33.

Mauz, Gerhard: Hier ein Stück Wurst, dort ein Tritt, in: Der Spiegel, Nr. 49/1967 vom 26. November 1967, S. 76.

O. Verf., Auf der Flitze, in: Der Spiegel, Nr. 47/1967 vom 12. November 1967, S. 49-54.

O. Verf., Blut und Bonbons, in: Der Spiegel, Nr. 12/1966 vom 13. März 1966, S. 48-50.

O. Verf., Interesse am Syndrom, in: Der Spiegel, Nr. 34/1972 vom 13. August 1972, S. 109.

Pflüger-Scherb, Ulrike: Spektakuläre Festnahme: Er fasste den Polizisten-Mörder, in: Hessisch-Niedersächsische Allgemeine vom 12. Oktober 2013, https://www.hna.de/kassel/sebastian-schmidt-fasste-1967-bundesweit-gesuchten-polizisten-moerder-bruno-Fabeyer-kassel-3160712.html.

Ritgen, Werner M.: Fabeyer: Polizei – 1:0, in: Kriminalistik, 22. Jg. (1968), S. 66-67.

Singer, Franziska: Darf's ein bisserl Mord sein? – Wahre Verbrechen, Wien 2021.

Sommer, Dieter: Bruno Fabeyer – Phantom aus den Wäldern, in: Osnabrücker Tageblatt vom 24. Februar 1967, S. 7.

Staben, Kerstin: Jagd auf den Waldmenschen, in: Norddeutscher Rundfunk Landesfunkhaus Niedersachsen (Hrsg.), Dem Verbrechen auf der Spur. Die spektakulärsten Kriminalfälle Niedersachsens, Hannover 2006, S. 33-39.

Strebe, Bert: Dies war eine der spektakulärsten Verbrecherjagden des Landes, in: Hannoversche Allgemeine Zeitung vom 24. Dezember 2017.

Strothdrees, Gisbert: Tatort Dorf. Historische Kriminalfälle vom Land, Münster 2014, S. 168-175.

Strotmann, Albert: Die endlose Jagd auf Bruno Fabeyer, in: Die Zeit vom 3. November 1967, S. 14.

Stürickow, Regina: Mörder, Opfer, Kommissare. Spektakuläre Kriminalfälle im 20. Jahrhundert, Berlin 2017.

Wellershoff, Dieter: Einladung an alle, Köln 1993.

Wolfermann, Stefan: Probleme der Großfahndung, in: Bundeskriminalamt Wiesbaden (Hrsg.), Möglichkeiten und Grenzen der Fahndung. Arbeitstagung des Bundeskriminalamtes Wiesbaden vom 12. bis 15. November 1979, Wiesbaden 1980, S. 18-25.

Ziegler, Hasso: Die Mär von dem Super-Gangster, in: Rheinischer Merkur vom 24. November 1967, S. 10-11.

Zeittafel zu Fabeyers Leben

1926	
4. Juni	Geburt in Osnabrück
1939	
4. Oktober	Einlieferung in den Bernwardshof in Hildesheim
1941	
17. April	Landarbeiter in Elbergen bei Lingen
22. Oktober	Landarbeiter in Bippen-Restrup bei Fürstenau
15. November	Aufenthalt im Provinzialjugendheim Wunstorf
1942	
23. März	Aufnahme im Provinzialerziehungsheim Göttingen
16. Oktober	Einberufung seines Bruders Fritz zur Wehrmacht
1943	
14. April	Hinrichtung seines Bruders Fritz wegen Fahnenflucht
16. Juni	Arbeitsbursche bei einem Schlachter in Lenglern bei Göttingen
1944	
29. März	Einberufung zur Wehrmacht — Desertion von der Wehrmacht
1945	Befreiung aus dem KZ Buchenwald
Bis 1948	Arbeit bei der Spielwarenfirma »Kroki« / »Groki« in Osnabrück
1948	
29. Mai	Verurteilung zu vier Monaten Gefängnis wegen schweren Diebstahls
1949	
15. Februar	Verurteilung zu zehn Monaten Gefängnis wegen Diebstahls
26. Oktober	Entlassung aus der Haftanstalt Lingen
1952	
25. April	Verurteilung zu drei Jahren Zuchthaus wegen schweren Diebstahls
3. Oktober	Beginn der Zuchthausstrafe in der Strafanstalt Lingen
1954	
3. Oktober	Entlassung aus der Strafanstalt Lingen
1955	
30. November	Amtsgericht Osnabrück erlässt Haftbefehl

1956	
26. März	Festnahme in Magdeburg
21. Juni	Übergabe an Kripo Osnabrück am Grenzübergang Marienborn/Helmstedt
1957	
18. Februar	Verurteilung zu sechs Jahren Zuchthaus mit anschließender Sicherungsverwahrung wegen schweren Diebstahls im Rückfall
1962	
12. April	Tod der Mutter
2. Juli	Wechsel vom Zuchthaus in die Sicherungsverwahrung in Celle
1965	
1. August	Entlassung aus der Straf- und Sicherungsanstalt Celle
29. Dezember	Einbruch in Gretesch und Schüsse auf Alois Broxtermann
1966	
8. Februar	Amtsgericht Osnabrück erlässt Haftbefehl
24. Februar	Tötung des Polizeiobermeisters Heinrich Brüggemann in Hunteburg
1967	
24. Februar	Festnahme in einem Kaufhaus in Kassel
6. September	Eduard Zimmermann berichtet im ZDF über den Fall Fabeyer
16. November	Prozess vor dem Schwurgericht Osnabrück beginnt
23. November	Landgericht Osnabrück verurteilt Fabeyer
1971	Gisela Zuckmayer beginnt mit der Betreuung Fabeyers in Celle
1972	
im Sommer	Dieter Wellershoffs Roman »Einladung an alle« erscheint
1983	
16.-17. März	Flucht bei einem Freigang
1987	
1. April	Begnadigung durch Ministerpräsidenten Ernst Albrecht, Unterbringung im Sozialheim »Hacienda« bei Frankfurt
1992	
15. Mai	Ministerpräsident Gerhard Schröder erlässt Fabeyer die Reststrafe
1999	
8. Februar	Tod durch Herzversagen in Bad Orb (Spessart)

Namensregister

Ortsregister

Bildnachweis

Umschlag:

Titelbild:
Emil Harms, in: Niedersächsisches Landesarchiv, Abteilung Osnabrück, Dep 3, Akz. 2012/101, Nr. 39
Innenumschlagseite vorne:
Niedersächsisches Landesarchiv, Abteilung Osnabrück, Rep 945, Akz. 2004/048, Nr. 12

Innen:

S. 32, 33:
Niedersächsisches Landesarchiv, Abteilung Osnabrück, Rep 945, Akz. 2004/048, Nr. 16
S. 35, 67:
Niedersächsisches Landesarchiv, Abteilung Osnabrück, Rep 945, Akz. 2004/048, Nr. 9
S. 37:
Niedersächsisches Landesarchiv, Abteilung Hannover, Nds. 147, Acc. 118/98, Nr. 1-2
S. 40, 62:
Niedersächsisches Landesarchiv, Abteilung Osnabrück, Rep 945, Akz. 2004/048, Nr. 8
S. 46:
Niedersächsisches Landesarchiv, Abteilung Osnabrück, Rep 945, Akz. 2004/048, Nr. 17
S. 57:
Niedersächsisches Landesarchiv, Abteilung Osnabrück, Rep 945, Akz 2004/048, Nr. 12
S. 69:
Emil Harms, in: Niedersächsisches Landesarchiv, Abteilung Osnabrück, Dep 3, Akz. 2012/101, Nr. 39
S. 90:
Niedersächsisches Landesarchiv, Abteilung Hannover, Nds. 147, Acc. 118/98, Nr. 1-1

Alle übrigen Fotos stammen vom Verfasser.

Dank

Dieses Buch war nur möglich aufgrund vielfältiger Mithilfe. Für wertvolle Hinweise und Materialien danke ich Christiane Auf dem Kampe, Kriminalhauptkommissar a. D. Jörg Heß, Rainer Lahmann-Lammert, Helmut Lensing, Petra Rolke-Fabeyer, den Mitarbeiter:innen in den niedersächsischen Landesarchiven Osnabrück, Hannover und Stade, insbesondere Thomas Brakmann, und einem erfahrenen Juristen, der nicht namentlich genannt werden möchte. Sollte dieses Buch trotzdem Fehler enthalten, liegen diese selbstverständlich in meiner Verantwortung.

Endnoten

1 Waldemar Burghard: Nachruf auf Bruno Fabeyer. Ein Typ, der Polizeigeschichte schrieb, in: Kriminalistik, 43. Jg. (1999), S. 415-417.

2 Adreßbuch für die Stadt und Feldmark Osnabrück einschließlich Osnabrück-Eversburg, Osnabrück-Schinkel und Gemeinde Haste, 1926.

3 Hannes Mangold: Fahndung nach dem Raster. Informationsverarbeitung bei der bundesdeutschen Polizei, 1965-1984, Zürich 2017 (Diss. 2016), S. 37 (zitiert nach der im Internet frei zugänglichen Dissertation). Waldemar Burghard: Bruno Fabeyer – ein Phänomen, in: Kriminalistik, 21. Jg. (1967), S. 505. Gerhard Mauz: Hier ein Stück Wurst, dort ein Tritt, in: Der Spiegel, Nr. 49/1967 vom 26. November 1967, S. 76. Der Text findet sich fast wortgleich in: Gerhard Mauz: Die Gerechten und die Gerichteten, Frankfurt (Main) 1968, S. 30-33.

4 Niedersächsisches Landesarchiv, Abteilung Osnabrück (künftig NLA OS), Rep 947 Lin II 13291. Den Hinweis auf die verwandtschaftlichen Beziehungen verdankt der Verfasser Frau Petra Rolke-Fabeyer.

5 Mauz, Wurst. Gisbert Strotdrees: Tatort Dorf. Historische Kriminalfälle vom Land, Münster 2014, S. 168-175 (169).

6 NLA OS, Rep 945, Akz. 2004/048, Nr. 7.

7 https://stolpersteine-guide.de/map/biografie/1385/fritz-Fabeyer. NLA OS, Rep 430, Dez 902, Akz. 2003/068, Nr. 15. Burghard, Fabeyer-Phänomen, S. 505; Strotdrees, Tatort, S. 170.

8 NLA OS, Rep 430, Dez 902, Akz. 2003/068, Nr. 15.

9 NLA OS, Rep 945, Akz. 2004/048, Nr. 7, Blatt 23. Die Blattzählung bezieht sich auf die handschriftliche Nummerierung.

10 NLA OS, Rep 945, Akz. 2001/054, Nr. 212, und Rep 945, Akz. 2004/048, Nr. 7, Blatt 131 f. Dort findet sich die falsche Schreibweise »Dettmerschule«. Manche Angaben zum Schulbesuch unterscheiden sich. Burghard, Fabeyer-Phänomen, S. 505. Mauz, Wurst.

11 NLA OS, Rep 945, Akz. 2004/048, Nr. 7, Blatt 24.

12 Niedersächsisches Landesarchiv, Abteilung Hannover (künftig NLA H), Hann. 154 Göttingen, Acc. 115/93, Nr. 2036. NLA OS, Rep 945, Akz. 2004/048, Nr. 15.

13 NLA OS, Rep 945, Akz. 2004/048, Nr. 7, Blatt 23. Burghard, Fabeyer-Phänomen, S. 506.

14 NLA H, Hann. 154 Göttingen, Acc. 115/93, Nr. 2036. NLA OS, Rep 945, Akz. 2001/054, Nr. 215.

15 NLA OS, Rep 945, Akz. 2004/048, Nr. 7, Blatt 132.

16 NLA H, Hann. 154 Göttingen, Acc. 115/93, Nr. 2036. Das Jugenderziehungsheim bzw. die Fürsorgeerziehungsanstalt Wunstorf entstand 1941 aus der Provinzial Heil- und Pflegeanstalt Wunstorf. Heute ist im Gebäude die KRH Psychiatrie Wunstorf untergebracht. Zur Geschichte der Einrichtung siehe https://www.gedenkort-t4.eu/de/historische-orte/qvp1b-provinzial-heil-und-pflegeanstalt-wunstorf-krh-psychiatrie-wunstorf und https://psychiatrie-wunstorf.krh.de/ueber-uns/geschichte.

17 NLA H, Hann. 154 Göttingen, Acc. 115/93, Nr. 2036.

18 Beschreibung des Heims in Arcansys: NLA HA Hann. 154 Göttingen. Mathias Dahl / Heiko Frese: Das Provinzial-Erziehungsheim in Göttingen und die praktische Umsetzung des Gesetzes zur Verhütung erbkranken Nachwuchses, in: Medizin, Gesellschaft und Geschichte, Bd. 20, 2001, S. 99-136 (100). Im Provinzial-Erziehungsheim kam es in der NS-Zeit zu Zwangssterilisation von Jugendlichen. Es gibt jedoch keinerlei Hinweise darauf, dass auch Fabeyer davon betroffen war.

19 Burghard, Nachruf, S. 415. Vgl. Burghard, Fabeyer-Phänomen, S. 506.

20 NLA OS, Rep 945, Akz. 2004/048, Nr. 7, Blatt 23 f. (aus der Anklageschrift).

21 NLA H, Hann. 154 Göttingen, Acc. 115/93, Nr. 2036.

22 Mauz, Wurst. Mauz, Die Gerechten, S. 31. Arne Boyer: Erst lächelte er, dann kamen ihm die Tränen, in: Abendzeitung vom 17. November 1967.

23 NLA H, Hann. 154 Göttingen, Acc. 115/93, Nr. 2036.

24 NLA OS, Rep 430, Dez 902, Akz. 2003/068, Nr. 15, Schreiben der Stadt Osnabrück, Kreis-Sonderhilfsausschuss, vom 14. Juli 1950, an die Stadt Göttingen, Sozialamt III.

25 NLA H, Hann. 154 Göttingen, Acc. 115/93, Nr. 2036.

26 Ebd.

27 NLA OS, Rep 945, Akz. 2004/048, Nr. 7, Blatt 24.

28 Boyer, Tränen.

29 NLA OS, Rep 430, Dez 902, Akz. 2003/068, Nr. 15.

30 Adolf Hitler: Mein Kampf. Zweiter Band: Die nationalsozialistische Bewegung, München (29) 1934, S. 587. Zitiert nach: Detlef Garbe: Im Namen des Volkes?! Die rechtlichen Grundlagen der Militärjustiz im NS-Staat und ihre »Bewältigung« nach 1945, in: Fietje Ausländer (Hrsg.): Verräter oder Vorbilder? Deserteure und ungehorsame Soldaten im Nationalsozialismus, Bremen 1990, S. 101.

31 NLA OS, Rep 430, Dez 902, Akz. 2003/068, Nr. 15. Jann Weber: »Liebe Mutter, ich habe noch eine Stunde zu leben«, in: Neue Osnabrücker Zeitung (künftig NOZ) vom 5. Mai 2012.

32 Dieter Knippschild: »Für mich ist der Krieg aus« – Deserteure in der Deutschen Wehrmacht, in: Norbert Haase / Gerhard Paul (Hrsg.), Die anderen Soldaten, Frankfurt am Main 1995, S. 123-138 (123).

33 https://www.bszw.de/projekte/stolpersteine/21-03-2012-opferbiografien/

34 NLA OS, Rep 945, Akz. 2004/048, Nr. 15.

35 NLA H, Nds. 50, Acc. 2017/72, Nr. 81. Mauz, Wurst.

36 Mangold, Fahndung, S. 38. NLA OS, Rep 945, Akz. 2004/048, Nr. 7, Blatt 25.

37 Ebd., Blatt 25 f.

38 NLA OS, Rep 945, Akz. 2004/048, Nr. 15.

39 NLA OS, Rep 945, Akz. 2001/054, Nr. 215, und Rep 945, Akz. 2004/048, Nr. 7, Blatt 26 f. Nach Angaben des Osnabrücker Kripo-Chefs Waldemar Burghard war Fabeyer nicht im KZ Buchenwald, sondern im KZ Mauthausen auf dem Gebiet des heutigen Österreich. Vgl. Strotdrees, Tatort, S. 170. Mangold, Fahndung, S. 38 nennt ebenfalls das KZ Mauthausen. Diese Angabe könnte mit der Behauptung Fabeyers zusammenhängen, die KZs seien infolge der Kriegslage mehrfach verlegt worden, daher sei er in Mauthausen gewesen. Vgl. NLA OS, Rep 945, Akz. 2001/054, Nr. 212. Die Angaben in der Anklageschrift und im Urteil weichen voneinander ab.

40 So steht es im Urteil des Landgerichts von 1967, das sich möglicherweise auf Angaben Fabeyers beruft. Überprüfen lassen sich diese Angaben nicht.

41 NLA OS, Rep 945, Akz. 2004/048, Nr. 7, Blatt 27.

42 Strotdrees, Tatort, S. 170. O. Verf., Blut und Bonbons, in: Der Spiegel, Nr. 12/1966 vom 13. März 1966, S. 48-50.

43 NLA OS, Rep 945, Akz. 2001/054, Nr. 215. Über die Spielwarenfabrik konnte der Verfasser keine weiteren Informationen herausfinden.

44 NLA OS, Rep 945, Akz. 2004/048, Nr. 13 (Gutachten Lindner, S. 11). NLA H, Nds. 50, Acc. 2017/72, Nr. 81. Mauz, Wurst.

45 NLA OS, Rep 945, Akz. 2004/048, Nr. 7, Blatt 27. Rep 430, Dez 902, Akz. 2003/068, Nr. 15, Schreiben vom 9. Oktober 1948.

46 NLA OS, Rep 945, Akz. 2004/048, Nr. 15, und Rep 945, Akz. 2004/048, Nr. 7, Blatt 28 f. NLA H, Nds. 147, Acc. 118/98, Nr. 1/1.

47 NLA OS, Rep 945, Akz. 2004/048, Nr. 15 (Urteil des Landgerichts 1967), und Rep 945, Akz. 2001/054, Nr. 215 und Nr. 213 (Auszug aus dem Bundeszentralregister).

48 NLA OS, Rep 945, Akz. 2004/048, Nr. 7, Blatt 29. NLA H, Nds. 147, Acc. 118/98, Nr. 1/1.

49 NLA H, Nds. 147, Acc. 118/98, Nr. 1/1.

50 NLA OS, Rep 945, Akz. 2004/048, Nr. 7, Blatt 30.

51 NLA OS, Rep 945, Akz. 2001/054, Nr. 215. Vgl. https://www.bszw.de/projekte/stolpersteine/21-03-2012-opferbiografien/

52 NLA H, Nds. 147, Acc. 118/98, Nr. 1/1.

53 NLA OS, Rep 945, Akz. 2004/048, Nr. 7, Blatt 31.

54 NLA OS, Rep 945, Akz. 2004/048, Nr. 7, Blatt 135. Zum VSK Osnabrück vgl. Herbert Willecke, Turnen, Sport und Spiel in Osnabrück, o.O. o.J., S. 115 f.

55 O. Verf.: Bruno Fabeyer als Fußballtorwart, in: Freie Presse (künftig FP) vom 9. März 1966. Der Zeitungsartikel ist zu finden in: NLA OS, Rep 945, Akz. 2004/048, Nr. 6.

56 O. Verf.: Ein Diebesmagazin auf dem Limberg, in: Osnabrücker Tageblatt (künftig OT) vom 22. August 1951, S. 3 (NLA OS, Slg 100 III, Nr. 1023, Zugang 0200/374). Vgl. NLA H, Nds. 147, Acc. 118/98, Nr. 1/1.

57 Durch die Strafrechtsreform von 1969, die am 1. April 1970 in Kraft trat, wurde die Aberkennung der bürgerlichen Ehrenrechte als strafrechtliche Nebenfolge abgeschafft.

58 NLA OS, Rep 945, Akz. 2004/048, Nr. 7, Blatt 32.

59 Ebd., Blatt 33. Strotdrees, Tatort, S. 171.

60 Burghard, Fabeyer-Phänomen, S. 506.

61 Zitat nach ebd. Vgl. Strotdrees, Tatort, S. 171.

62 NLA OS, Rep 945, Akz. 2004/048, Nr. 7, Blatt 33 f.

63 Ebd., Blatt 34.

64 Ebd., Blatt 34; abweichend ist von 37 Diebstählen in der Anklage von 1956 die Rede. Vgl. NLA OS, Rep 945, Akz. 2001/054, Nr. 215.

65 NLA H, Nds. 147, Acc. 118/98, Nr. 1/1.

66 Waldemar Burghard: Der Fahndungsfall Fabeyer. Vor allem ein Bericht über Erkenntnisse und Erfahrungen aus einer Großfahndung, in: Kriminalistik, 21. Jg. (1967), S. 620-624 (621).

67 NLA OS, Rep 945, Akz. 2001/054,Nr. 215. NLA H, Nds. 147, Acc. 118/98, Nr. 1/1.

68 NLA OS, Rep 945, Akz. 2004/048, Nr. 7, Blatt 35.

69 Mangold, Fahndung, S. 38.

70 NLA OS, Rep 945, Akz. 2004/048, Nr. 7, Blatt 35. Vgl. Burghard, Fabeyer-Phänomen, S. 506.

71 NLA OS, Rep 945, Akz. 2004/048, Nr. 7, Blatt 36. Burghard, Fabeyer-Phänomen, S. 506.

72 NLA OS, Rep 945, Akz. 2001/054, Nr. 212.

73 NLA H, Nds. 147, Acc. 118/98, Nr. 1/1.

74 NLA OS, Rep 945, Akz. 2001/054, Nr. 212. NLA H, Nds. 147, Acc. 118/98, Nr. 1/1.

75 NLA OS, Rep 945, Akz. 2004/048, Nr. 7, Blatt 36.

76 Ebd., Blatt 36, und Rep 945, Akz. 2001/054, Nr. 215.

77 NLA OS, Rep 945, Akz. 2001/054, Nr. 212.

78 NLA OS, Rep 945, Akz. 2001/054, Nr. 215.

79 NLA OS, Rep 945, Akz. 2001/054, Nr. 212.

80 NLA OS, Rep 945, Akz. 2004/048, Nr. 7, Blatt 36. NLA OS, Rep 945, Akz. 2001/054, Nr. 213.

81 NLA OS, Rep 945, Akz. 2004/048, Nr. 7, Blatt 37. NLA OS, Rep 945, Akz. 2001/054, Nr. 213. NLA H, Nds. 147, Acc. 118/98, Nr. 1/1.

82 NLA OS, Rep 945, Akz. 2001/054, Nr. 212.

83 Ebd.

84 NLA OS, Rep 945, Akz. 2004/048, Nr. 7, Blatt 37 f. NLA OS, Rep 945, Akz. 2001/054, Nr. 215.

85 Zit. nach NLA OS, Rep 945, Akz. 2004/048, Nr. 7, Blatt 39.

86 NLA OS, Rep 945, Akz. 2001/054, Nr. 212.

87 NLA OS, Rep 945, Akz. 2004/048, Nr. 7, Blatt 39 f., und Rep 945, Akz. 2001/054, Nr. 213 (Auszug aus dem Bundeszentralregister). Strotdrees, Tatort, S. 171. Mangold, Fahndung, S. 38.

88 NLA OS, Rep 945, Akz. 2001/054, Nr. 212, und Rep 945, Akz. 2004/048, Nr. 7, Blatt 43.

89 NLA OS, Rep 945, Akz. 2004/048, Nr. 7, Blatt 43. Josef Schmidt: Die Anklage lautet auf Mord an einem Polizisten, in: Weser-Kurier vom 15. November 1967, S. 12.

90 Hasso Ziegler: Die Mär von dem Super-Gangster, in: Rheinischer Merkur vom 24. November 1967, S. 10 f. Vgl. Rüdiger Liedtke: Kriminalchronik. Die aufsehenerregendsten Fälle der letzten 30 Jahre, Frankfurt am Main 1989, S. 37.

91 NLA OS, Rep 945, Akz. 2004/048, Nr. 7, Blatt 43.

92 Ebd., Blatt 43 f.

93 NLA OS, Rep 945, Akz. 2001/054, Nr. 213.

94 Zit. nach NLA OS, Rep 945, Akz. 2004/048, Nr. 7, Blatt 44 f., und Rep 945, Akz. 2001/054, Nr. 213.

95 NLA OS, Rep 945, Akz. 2004/048, Nr. 7, Blatt 48.

96 NLA OS, Rep 945, Akz. 2001/054, Nr. 13. Mangold, Fahndung, S. 36 f.

97 NLA OS, Rep 945, Akz. 2004/048, Nr. 7, Blatt 137.

98 Ebd., Blatt 48.

99 Ebd.

100 Ebd., Blatt 50.

101 NLA OS, Rep 430, Dez 201, Acc. 77/87, Nr. 19. Strotdrees, Tatort, S. 171. Mangold, Fahndung, S. 37.

102 NLA OS, Rep 945, Akz. 2004/048, Nr. 15.

103 Burghard, Fahndungsfall, S. 620.

104 NLA OS, Rep 945, Akz. 2004/048, Nr. 15. So steht es jedenfalls im Urteil.

105 O. Verf.: Polizistenmörder Bruno Fabeyer hört Funk-Fahndung ab, in: Nordwest-Zeitung (künftig NWZ) vom 10. März 1966.

106 Diese Angabe für Kleinkaliberpatronen entspricht 5,6 Millimeter.

107 NLA OS, Rep 945, Akz. 2004/048, Nr. 7, Blatt 51 f., 57. In den Akten stehen zwei abweichende Angaben zum Kauf der Waffe: September 1965 oder Anfang November 1965.

108 NLA OS, Rep 945, Akz. 2004/048, Nr. 7, Blatt 57 f.

109 Ebd., Blatt 51 f.

110 Mangold, Fahndung, S. 23.

111 Burghard, Fahndungsfall, S. 620.

112 Ebd., S. 621.

113 NLA OS, Rep 945, Akz. 2004/048, Nr. 2. Mangold, Fahndung, S. 182. O. Verf., Blut und Bonbons, S. 49.

114 Mangold, Fahndung, S. 24.

115 NLA OS, Rep 945, Akz. 2004/048, Nr. 2. Staben, Kerstin: Jagd auf den Waldmenschen, in: Norddeutscher Rundfunk Landesfunkhaus Niedersachsen (Hrsg.), Dem Verbrechen auf der Spur. Die spektakulärsten Kriminalfälle Niedersachsens, Hannover 2006, S. 33-39 (34).

116 NLA OS, Rep 945, Akz. 2004/048, Nr. 2. Mangold, Fahndung, S. 24. Hannes Mangold: Der Fall Fabeyer und die Transformation der Verbrechensbekämpfung um 1967, in: Ruben Hackler / Katharina Kinzel (Hrsg.), Paradigmatische Fälle. Konstruktion, Narration und Verallgemeinerung von Fall-Wissen in den Geistes- und Sozialwissenschaften, Itinera 40/2016 (Beiheft zur Schweizerischen Zeitschrift für

Geschichte), S. 107-118 (107).

117 NLA OS, Rep 945, Akz. 2004/048, Nr. 15.

118 Staben, Jagd, S. 34.

119 Strotdrees, Tatort, S. 172. Gerd Frank: Wahre Kriminalfälle aus Hamburg, Bremen und Niedersachsen, Erfurt 2020, S. 145.

120 NLA OS, Rep 945, Akz. 2004/048, Nr. 2.

121 Ebd.

122 O. Verf.: Die Bevölkerung wird dringend um Mithilfe bei der Fahndung gebeten, in: OT vom 3. Januar 1966. O. Verf.: 1000 DM Belohnung, in: OT vom 20. Januar 1966.

123 NLA OS, Rep 945, Akz. 2004/048, Nr. 2 und 16. Mangold, Fahndung, S. 24.

124 NLA OS, Rep 945, Akz. 2004/048, Nr. 2.

125 Ebd. Mangold, Fahndung, S. 26.

126 Ebd., S. 27.

127 Jürgen Hofmeyer: Bekannt: Seriendieb Bruno Fabeyer – Die 97. Spur war heiß – Wann wird er gefasst?, in: OT. O. Verf.: Wo hält sich Bruno Fabeyer jetzt auf?, in: Neue Tagespost (künftig NT). O. Verf.: Serie von Einbrüchen geklärt – Der Täter heißt: Bruno Fabeyer, in: FP. Alle Artikel sind vom 5. Februar 1966. Zur Waffe: NLA OS, Rep 945, Akz. 2004/048, Nr. 11. Zum Lager am Wellinger Berg: NLA OS, Rep 945, Akz. 2004/048, Nr. 9.

128 Burghard, 573 Tage, S. 561. Mangold, Fall Fabeyer, S. 113. O. Verf.: Macht Bruno Fabeyer in Vehrte auf leere Flaschen Zielübungen?, in: OT vom 26. Februar 1966. O. Verf., Blut und Bonbons, S. 49.

129 Burghard, 573 Tage, S. 561.

130 Ebd.

131 NLA OS, Rep 945, Akz. 2004/048, Nr. 2. Mangold, Fahndung, S. 36.

132 Burghard, 573 Tage, S. 561, Mangold, Fabeyer, S. 114.

133 Mangold, Fahndung, S. 37.

134 Ebd.

135 NLA OS, Rep 945, Akz. 2004/048, Nr. 2. Mangold, Fahndung, S. 39.

136 NLA OS, Rep 945, Akz. 2004/048, Nr. 7, Blatt 58.

137 NLA OS, Rep 945, Akz. 2004/048, Nr. 4. O. Verf., Blut und Bonbons, S. 50. Jürgen Hofmeyer: Groß-Razzia blieb ohne den gewünschten Erfolg, in: OT vom 7. Februar 1966. Klaus Hübschmann: Verbrecher saß im Unterholz und Bruno Fabeyer ist noch in Freiheit – 2000 Mark als Belohnung ausgesetzt, in: FP vom 7. Februar 1966. O. Verf.: Die größte Fahndungsaktion der Osnabrücker Kriminalgeschichte, in: NT vom 7. Februar 1966.

138 Burghard, 573 Tage, S. 562.

139 Mangold, Fahndung. S, 39-40.

140 Burghard, 573 Tage, S. 562.

141 NLA OS, Rep 945, Akz. 2004/048, Nr. 8, und Rep 945, Akz. 2001/054, Nr. 213. Burghard, 573 Tage, S. 562. Mangold, Fahndung, S. 39.

142 Burghard, 573 Tage, S. 563.

143 O. Verf., Auf der Flitze, in: Der Spiegel, Nr. 47, 1967, S. 54. Mangold, Fall Fabeyer, S. 107.

144 Burghard, 573 Tage, S. 562.

145 Ernst Hunsicker: Authentische Polizei- und Kriminalgeschichten. Zusammenfassung, Norderstedt 2020, S. 70.

146 Burghard, 573 Tage, S. 563.

147 O. Verf.: Warum das alte Fabeyer-Foto?, in: NT vom 10. Februar 1966.

148 Burghard, 573 Tage, S. 563.

149 Mangold, Fahndung, S. 40.
150 Burghard, 573 Tage, S. 562.
151 Burghard, Nachruf, S. 415.
152 O. Verf.: Fabeyer-Aktion auf vollen Touren, in: OT vom 9. Februar 1966.
153 Burghard, Fahndungsfall, S. 622.
154 Burghard, 573 Tage, S. 563. Burghard, Nachruf, S. 415.
155 Mangold, Fahndung, S. 40.
156 NLA OS, Rep 945, Akz. 2004/048, Nr. 4. Mangold, Fahndung, S. 41.
157 Maik Grawenhoff: Heimatland am Dütestrand – Post für »Lotte 1«, Bramsche 2013, S. 126 f.
158 Burghard, 573 Tage, S. 563. O. Verf.: Fabeyers Doppelgänger täuscht die Polizei, in: OT vom 10. August 1966.
159 Burghard, 573 Tage, S. 562.
160 Burghard, Nachruf, S. 415.
161 Strotdrees, Tatort, S. 173.
162 NLA OS, Rep 945, Akz. 2004/048, Nr. 15. Burghard, 573 Tage, S. 563.
163 Strotdrees, Tatort, S. 173.
164 NLA OS, Rep 945, Akz. 2004/048, Nr. 15.
165 Burghard, 573 Tage, S. 564. Andreas Schnabel: Tödliche Schüsse in Hunteburg. Als Fabeyer den Polizisten Brüggemann ermordete (https://www.noz.de/lokales/bohmte/artikel/2240858/brueggemann-mord-vor-55-jahren-hielt-der-kreis-wittlage-den-atem-an). Klaus Weißenborn / Jürgen Hofmeyer: Jetzt ist Bruno Fabeyer Mörder! Mit 2 Schüssen Polizeiobermeister H. Brüggemann tödlich getroffen, in: OT vom 25. Februar 1966.
166 O. Verf.: Polizistenmord in Hunteburg, in: NT vom 25. März 1966.
167 Mangold, Fahndung, S. 41.
168 NLA OS, Rep 945, Akz. 2004/048, Nr. 7.
169 Das ist auf den Aufnahmen zu sehen, die während der Leichenöffnung bei Brüggemann gefertigt werden. NLA OS, Rep 945, Akz. 2004/048, Nr. 17, und NLA OS, Rep 945, Akz. 2004/048, Nr. 15.
170 NLA OS, Rep 945, Akz. 2004/048, Nr. 17.
171 Mangold, Fahndung, S. 42. Schnabel, Tödliche Schüsse. Wolfgang Huge: Der Landkreis Wittlage 1933-1972, Norderstedt 2012, S. 134.
172 Zit. nach Staben, Jagd, S. 34 f.
173 NLA OS, Rep 945, Akz. 2004/048, Nr. 15.
174 O. Verf.: Polizistenmord in Hunteburg, in: NT vom 25. März 1966.
175 NLA OS, Rep 945, Akz. 2004/048, Nr. 15.
176 Mangold, Fahndung, S. 42.
177 Strotdrees, Tatort, S. 173. Huge, Landkreis Wittlage, S. 135.
178 NLA OS, Rep 945, Akz. 2004/048, Nr. 15.
179 Carsten Volkery: Polizistenmörder Harry Roberts kommt nach 48 Jahren frei, in: https://www.spiegel.de/panorama/justiz/grossbritannien-harry-roberts-wird-aus-haft-entlassen-a-998873.html vom 23.10.2014.
180 Wittlager Kreisblatt vom 26. Februar 1966.
181 O. Verf.: Heinrich Brüggemann zeichnete sich durch Mut und Tapferkeit aus, in: NT vom 26. Februar 1966.
182 O. Verf., Brüggemann Mut und Tapferkeit.
183 O. Verf.: Polizistenmord in Hunteburg.
184 Huge, Landkreis Wittlage, S. 136. O. Verf.: Er war ein Vorbild der Treue, in: NT vom 1. März 1966.

185 O. Verf.: »… aber was nützt es mir schon noch!«, in: NT vom 25. Februar 1967. Frank, Kriminalfälle, S. 148.
186 Mangold, Fahndung, S. 42.
187 Ebd., S. 42-44.
188 Strotdrees, Tatort, S. 174. Mangold, Fahndung, S. 43.
189 Zit. nach Strotdrees, Tatort, S. 174.
190 Mangold, Fahndung, S. 43.
191 O. Verf., Zielübungen.
192 Burghard, 573 Tage, S. 564. Mangold, Fahndung, S. 43. Jürgen Hofmeyer: Wochenendfahndung ohne erhofften Erfolg, in: OT vom 28. Februar 1966, S. 5.
193 Burghard, Fahndungsfall, S. 623.
194 Burghard, 573 Tage, S. 564. Hofmeyer, Wochenendfahndung.
195 O. Verf.: Gesmolder Polizeibeamter gab Schüsse auf Fabeyer ab, in: Meller Kreisblatt vom 28. Februar 1966.
196 Hofmeyer, Wochenendfahndung.
197 O. Verf.: Polizeifahndungen kein Schauspiel, in: OT vom 28. Februar 1966.
198 O. Verf.: Großfahndung nach dem Polizistenmörder Bruno Fabeyer ohne Erfolg, in: FP vom 1. März 1966.
199 Sparrenberg: Razzia auf Polizistenmörder, in: Westfälische Zeitung vom 2. März 1966.
200 O. Verf.: »Bruno Fabeyer sitzt auf der Sparrenburg und schießt wild um sich«, in: FP vom 2. März 1966.
201 O. Verf. Blut und Bonbons, S. 48.
202 Ebd.
203 O. Verf., Funk-Fahndung.
204 Hans-Wolfgang Kindervater: »Greift ihn! – Fabeyer-Fieber in Osnabrück«, in: OT vom 26. Februar 1966.
205 EK, Mörderjagd, in: NWZ vom 22. März 1966.
206 O. Verf.: In Hunteburg grassiert die Angst, in: NT vom 28. Februar 1966
207 O. Verf.: Fünf Einschüsse, in: OT vom 28. Februar 1966.
208 O. Verf.: Einer wollte Bruno Fabeyer an der Post gesehen haben, in: FP vom 3. März 1966. O. Verf.: Thema Nr. 1: Bruno Fabeyer in der Glosse von »Willibald«, in: OT vom 28. Februar 1966, S. 5. EK, Mörderjagd.
209 O. Verf.: Spekulationen um den Mörder, in: FP vom 7. März 1966.
210 Zitiert nach: o. Verf.: »Die dunklen Tannen am großen Moor«, in: Meller Kreisblatt (künftig MK) vom 26. März 1966.
211 O. Verf.: Für Fabeyer gehalten – Oma wollte alles wissen, in: MK vom 31. März 1966.
212 Alfred Kubel, in: Der Spiegel Nr. 15 vom 3. April 1966, S. 174.
213 O. Verf.: Ist Fabeyer tot?, in: OT vom 3. März 1966.
214 O. Verf.: Wir möchten wieder ruhig schlafen. Aber noch ist der Mörder unter uns, in: MK vom 5. März 1966.
215 O. Verf.: War Bruno Fabeyer in Peingdorf? Mädchen sagte: Ich sah den Mörder!, in: MK vom 4. März 1966.
216 Burghard, Nachruf, S. 416. O. Verf.: Fabeyer jetzt in der Gegend um Paderborn, in: OT vom 11. März 1966.
217 Mangold, Fahndung, S. 44 f.
218 Burghard, Nachruf, S. 416.

219 Ebd.
220 Mangold, Fahndung, S. 45.
221 Burghard, 573 Tage, S. 565.
222 Mangold, Fahndung, S. 45. Burghard, Nachruf, S. 416.
223 Burghard, Fahndungsfall, S. 621. Strotdrees, Tatort, S. 173.
224 Eberhard Blumel / Klaus Kuhnigk: Er lebt wie ein wildes Tier, in: Bild am Sonntag vom 20. März 1966.
225 EK, Funk-Fahndung, in: NWZ vom 10. März 1966.
226 Burghard, Fahndungsfall, S. 621.
227 Ebd.
228 Mangold, Fabeyer, S. 115.
229 Strotdrees, Tatort, S. 173.
230 NLA OS, Rep 945, Akz. 2004/048, Nr. 11 und 12.
231 Auch in einem Brief des Ersten Oberstaatsanwalts an den niedersächsischen Justizminister ist im Februar 1966 von einem »Mord« die Rede.
232 NLA OS, Rep 945, Akz. 2004/048, Nr. 11.
233 Sonderbeilage zum Bundeskriminalblatt Nr. 2887 vom 2.5.1966 und zum Landes-Kriminalblatt Nr. 18/66 vom 6. Mai 1966, auch zu finden in: NLA H, Nds. 147, Acc. 118/98, Nr. 1/2.
234 O. Verf.: Kripo-Chef: »Wir sind noch da!«, in: OT vom 6. Mai 1966.
235 Ebd.
236 NLA OS, Rep 945, Akz. 2004/048, Nr.11.
237 NLA OS, Rep 945, Akz. 2004/048, Nr.12.
238 Burghard, 573 Tage, S. 566.
239 NLA H, Nds. 147, Acc. 118/98, Nr. 1/3.
240 H.R. Stache: Fluchttempo des gejagten »Moormörders« war für die Polizei viel zu schnell, in: Hamburger Abendblatt vom 3./4. Juni 1967, S. 12.
241 NLA OS, Rep 945, Akz. 2004/048, Nr. 7, Blatt 139.
242 Burghard, 573 Tage, S. 566. Burghard, Nachruf, S. 416.
243 Burghard, Fahndungsfall, S. 621. Vgl. Strotdrees, Tatort, S. 173.
244 Burghard, 573 Tage, S. 566.
245 NLA OS, Rep 945, Akz. 2004/048, Nr. 7, Blatt 59.
246 O. Verf.: Polizei findet Fabeyers Mordgewehr nach einem Einbruch in Weißkirchen, in: OT vom 23. Dezember 1966.
247 NLA H, Nds. 147, Acc. 118/98, Nr. 1/3. O. Verf.: Das ist Fabeyers Mordwaffe, in: OT vom 23. Dezember 1966.
248 NLA H, Nds. 147, Acc. 118/98, Nr. 1/3.
249 NLA OS, Rep 945, Akz. 2004/048, Nr. 11.
250 Burghard, 573 Tage, S. 566.
251 O. Verf.: Fabeyer wieder entwischt, in: NT vom 2. Februar 1967.
252 O. Verf.: Bruno Fabeyer bettelt in Hessen – Bürgermeister hatte Mitleid mit ihm, in: OT vom 4. Februar 1967.
253 Burghard, Nachruf, S. 416.
254 Burghard, 573 Tage, S. 566. Burghard datiert den Start der »Stern«-Serie versehentlich auf eine Woche später.
255 Burghard, 573 Tage, S. 566.
256 O. Verf.: Großfahndung nach Fabeyer in Nordhessen, in: OT vom 23. Februar 1967. O. Verf.: Groß-

fahndung nach Fabeyer, in: NT vom 23. Februar 1967.

257 O. Verf.: Über 300 Mann jagten Bruno Fabeyer, in: NT vom 24. Februar 1967.

258 Dieter Sommer: Bruno Fabeyer – Phantom aus den Wäldern, in: OT vom 24. Februar 1967.

259 Burghard, Fabeyer-Phänomen, S. 507.

260 O. Verf.: Spektakuläre Festnahme: Er fasste den Polizisten-Mörder, in: Hessische/Niedersächsische Allgemeine vom 12. Oktober 2013.

261 Ebd.

262 Burghard, Fabeyer-Phänomen, S. 505.

263 Ebd., S. 507.

264 Dieter Sommer: Im Erfrischungsraum in Kassel wurde Bruno Fabeyer verhaftet, in: OT vom 25. Februar.

265 NLA OS, Rep 945, Akz. 2004/048, Nr. 7, Blatt 60.

266 NLA OS, Rep 945, Akz. 2004/048, Nr. 7, Blatt 61.

267 NLA OS, Rep 945 Akz. 2004/048, Nr. 2.

268 NLA OS, Rep 945 Akz. 2004/048, Nr. 2. Werner Schröder ist zu dieser Zeit Leiter des 5. Kommissariats (Kriminaldauerdienst und Fahndung) bei der Landeskriminalpolizeistelle Osnabrück, vgl. Hunsicker, Polizei- und Kriminalgeschichten, S. 70.

269 NLA OS, Rep 945, Akz. 2005/048, Nr. 2.

270 NLA OS, Rep 430, Dez 201, Acc. 77/87, Nr. 19.

271 NLA OS, Rep 945, Akz. 2005/048, Nr. 2 und Nr. 5, Blatt 39.

272 Klaus Hübschmann: In der »Kaufhalle« in Kassel erkannte eine Frau Fabeyer beim Kaffeetrinken und rief die Polizei, in: FP vom 25. Februar 1966.

273 NLA OS, Rep 430, Dez 201, Acc. 77/87, Nr. 19.

274 Hübschmann, Kaufhalle.

275 NLA OS, Rep 945, Akz. 2004/048, Nr. 11

276 o. Verf.: Die 400 Tage des Bruno Fabeyer, in: Stern Nr. 11 vom 12. März 1967, S. 207.

277 O. Verf.: Nach der Jagd: Die Kamera hält Fabeyer fest, in: Bild am Sonntag vom 26. Februar 1967.

278 NLA OS, Rep 430, Dez 201, Acc. 77/87, Nr. 19, und Rep 945, Akz. 2004/048, Nr. 11. Niedersächsisches Landesarchiv, Abteilung Stadt (künftig: NLA STD), Rep. 86 Celle, Acc. 2009/027, Nr. 107. O. Verf. Fabeyer wählte seinen Verteidiger, in: OT vom 23. März 1967.

279 NLA OS, Rep 945, Akz. 2004/048, Nr. 2 und Nr. 7, Blatt 58. O. Verf.: Fabeyer-Gewehr tauchte in Jeggen auf, in: OT vom 4. März 1967.

280 O. Verf. Bruno Fabeyer hinter Gittern …, in: OT vom 28. Februar 1967.

281 O. Verf.: Die Gemeinde Gretesch überreichte Frau Neugebauer 1000 DM Belohnung, in: OT vom 20. März 1967.

282 NLA OS, Rep 945, Akz. 2004/048, Nr. 11.

283 Volker Zeidler: Länger vergessen, in: Polizeireport (Informationen, Nachrichten, Mitteilungen der Bezirksgruppe Nordhessen der Gewerkschaft der Polizei und der Polizeisozialhilfe Hessen e.V. und der Polizei Service Gesellschaft mbH Hessen), Nr. 51, 2009, S. 7.

284 Burghard, Fabeyer-Phänomen, S. 507.

285 O. Verf.: Auf der Flitze, in: Der Spiegel, Nr. 47, 1967, S. 49. H.R. Stache: »Moormörder« kritisiert die Sicherheitsbehörden, in: Hamburger Abendblatt vom 7. November 1967, S. 16.

286 Stache, »Moormörder«.

287 Burghard, Fabeyer-Phänomen, S. 507.

288 Burghard, Fahndungsfall, S. 621, und o. Verf.: Die Kasse stimmte immer, in: Weser-Kurier vom 28. Februar 1967.

289 Zit. nach: Burghard, Fahndungsfall, S. 621.

290 Burghard, Fabeyer-Phänomen, S. 506.

291 Ebd., S. 507.

292 Hunsicker, Polizei- und Kriminalgeschichten, S. 75.

293 NLA OS, Rep 945, Akz. 2004/048, Nr. 11. Stache, Fluchttempo.

294 NLA OS, Rep 430, Dez 201, Acc. 77/87, Nr. 19, und Rep 945, Akz. 2004/48, Nr. 11. Schreiben des Pressereferats der Staatsanwaltschaft Osnabrück an den Niedersächsischen Minister der Justiz vom 16. Januar 1968.

295 NLA OS, Rep 945, Akz. 2004/048, Nr. 11,

296 Die Schule der Bundeswehr für Psychologische Kampfführung (PSKSBw) existierte von 1965 bis 1970 und wurde dann umbenannt in Schule der Bundeswehr für Psychologische Verteidigung.

297 NLA OS, Rep 945, Akz. 2004/048, Nr. 9, und NLA STD, Rep. 86 Celle, Acc. 2009/027, Nr. 107.

298 Stefan Wolfermann: Probleme der Großfahndung, in: Möglichkeiten und Grenzen der Fahndung. Arbeitstagung des Bundeskriminalamtes Wiesbaden vom 12. bis 15. November 1979, S. 18-25 (20).

299 Anmerkung von Dr. W. (Düsseldorfer Kriminaldirektor Bernd Wehner, Anm. d. Verf.) hinter dem Aufsatz »Der Fahndungsfall Fabeyer« von Waldemar Burghard, in: Kriminalistik, 21. Jg. (1967), S. 624.

300 Mangold, Fahndung, S. 52. Jo Balzer: Polizistenmörder Bruno Fabeyer geistert weiterhin durch die Lande, in: FP 1966.

301 Deutscher Bundestag, 5. Wahlperiode, 130. Sitzung vom 27. Oktober 1967, S. 6607. Vgl. Mangold, Fahndung, S. 53.

302 Hans Jansen: Hauptanklagepunkt gegen Fabeyer ist vollendeter Mord, in: NOZ vom 5. Oktober 1967. Der Wortlaut von Paragraf 154a der Strafprozessordnung hat sich durch das Strafverfahrensänderungsgesetz 1979 geändert.

303 NLA OS, Rep 430, Dez 201, Acc. 77/87, Nr. 19. Schreiben des Pressereferats der Staatsanwaltschaft Osnabrück an den Niedersächsischen Minister der Justiz vom 16. Januar 1968.

304 Boyer,Tränen.

305 Hans Jansen: B. Fabeyer unter Mordanklage vor Richter und Geschworenen, in: NOZ vom 17. November 1967.

306 Dierks, So führte Bruno Fabeyer die Polizei an der Nase herum, in: NOZ vom 26. Februar 2016. https://www.noz.de/lokales/osnabrueck/artikel/676283/so-fuhrte-bruno-Fabeyer-die-polizei-an-der-nase-herum#gallery&0&0&676283.

307 Albert Strotmann: Die endlose Jagd auf Bruno Fabeyer, in: Die Zeit, Nr. 44 (1967) vom 3. November 1967. Rechtsanwalt Werner Hörnschemeyer ist am 27. November 2021 im Alter von 94 Jahren verstorben. Vgl. die Todesanzeigen in der NOZ am 4. Dezember 2021.

308 Josef Schmidt: Fabeyer vergoß Tränen, in: Weser-Kurier vom 17. November 1967, S. 8.

309 Josef Schmidt: Zeugen widerlegen Fabeyer, in: Weser-Kurier vom 18./19. November 1967, S. 7.

310 Hans Jansen: Schützenhilfe für Fabeyer aus dem Zuchthaus Celle, in: NOZ vom 21. November 1967.

311 O. Verf.: Fabeyer voll verantwortlich, in: Weser-Kurier vom 22. November 1967, S. 12.

312 Joachim Dierks, So führte.

313 Hans Jansen: Lebenslanges Zuchthaus für Fabeyer beantragt, in: NOZ vom 22. November 1967.

314 Zit. nach Jansen, Lebenslanges Zuchthaus.

315 Jansen, Lebenslanges Zuchthaus. Stache, »Moormörder« (mit der Dachzeile: Streit um Fabeyers Tonbänder). Stache: Fabeyer forderte Löschung der Polizei-Tonbänder, in: Hamburger Abendblatt vom 17. November 1967, S. 22.

316 Dierks, So führte.

317 Zit. nach Jansen, Lebenslanges Zuchthaus.

318 NLA OS, Rep 945, Akz. 2004/048, Nr. 15 (mit dem Urteil: 17 Ks 6/67), und NLA Stade, Rep. 86 Celle, Acc. 2009/027, Nr. 111. Hans Jansen: Fabeyer: Kein Mörder – aber Lebenslänglich, in: NOZ vom 24. November 1967. Strotdrees, Tatort, S. 175. Der WDR-Journalist Arnd Henze weist darauf hin, dass Landgerichtsdirektor Friedrich Jagemann (1907-1979) Mitglied von NSDAP und SA gewesen sei und als Wehrmachtsrichter Karriere gemacht habe und er vertritt die Auffassung, dies habe sich beim Gerichtsurteil zuungunsten Fabeyers ausgewirkt. Dies lässt allerdings nicht durch die Urteilsbegründung belegen. Darin wird ausdrücklich die frühe Biografie Fabeyers erwähnt und darauf hingewiesen, dass für die Strafzumessung die milieu- und entwicklungsbedingten Nachteile des Angeklagten in seinem Leben zu seinen Gunsten zu berücksichtigen seien.

319 O. Verf.: Lebenslang für Fabeyer, in: Weser-Kurier vom 24. November 1967, S. 8.

320 NLA OS, Rep 945, Akz. 2004/048, Nr. 15, S. 38

321 Mauz, Wurst.

322 Ziegler, Mär.

323 Jansen, Fabeyer kein Mörder.

324 O. Verf.: Verteidiger: Revision, in: NOZ vom 25. November 1967. O. Verf.: Bruno Fabeyer will Revision gegen Schwurgerichtsurteil einlegen, in: FP vom 25. November 1967 (in: NLA Stade, Rep. 86 Celle, Acc. 2009/027, Nr. 107.

325 NLA OS, Rep 945, Akz. 2004/048, Nr. 15. NLA H, Nds. 50, Acc. 2017/72, Nr. 81. NLA STD, Rep. 86 Celle Acc. 2009/027, Nr. 111.

326 https://lexetius.com/StGB/370,3

327 NLA OS, Rep 430, Dez 201, Acc. 77/87, Nr. 19. Schreiben des niedersächsischen Justizministers an den Innenminister vom 14. Februar 1968.

328 NLA OS, Rep 430, Dez 201, Acc. 77/87, Nr. 19.

329 Ebd.

330 NLA OS, Rep 945, Akz. 2004/048, Nr. 11

331 NLA OS, Rep 430, Dez 201, Acc. 77/87, Nr. 19.

332 Ebd.

333 Hans-Georg Suermann war Regierungspräsident in Hildesheim. Möglicherweise wurde er zu den Beratungen hinzugezogen, weil im November 1967 der Osnabrücker Regierungspräsident Egon Friemann verstorben war oder weil ein Behördenleiter von außen an der Besprechung teilnehmen sollte.

334 NLA OS, Rep 430, Dez 201, Acc. 77/87, Nr. 19, und Rep 945, Akz. 2004/048, Nr. 11.

335 Joachim Fuhrmann / Werner Schiffer: Dieter Wellershoff, Einladung an alle. Arbeitshilfen zu Buch und Film, Duisburg 1993, S. 3.

336 Vgl. Wendelin Zimmer: Weißt du noch damals, als in Gretesch der Bruno Fabeyer …, in: NOZ vom 28. August 1972.

337 Mangold, Fahndung, S. 97.

338 Ebd.

339 Zimmer, Weißt du noch.

340 O. Verf.: Er hat sich verkrochen, ganz alleine wie ein Kind. Interview mit Wendelin Zimmer, in: NOZ vom 29. September 1972.

341 https://www.kiwi-verlag.de/buch/dieter-wellershoff-einladung-an-alle-9783462022599

342 O. Verf., Er hat sich verkrochen.

343 Stephen Lamb: Einladung an alle – Dokumentation und Wirklichkeit, in: R. Hinton Thomas: Der Schriftsteller Dieter Wellershoff. Interpretationen und Analysen, Köln 1975, S. 66-88 (66).

344 Lamb, Einladung, S. 68, 74, 76.

345 Mangold, Fahndung, S. 96.
346 R. Hinten Thomas, Wellershoff, S. 182, 186.
347 Mangold, Fahndung, S. 97.
348 O. Verf.: Interesse am Syndrom, in: Der Spiegel, Nr. 34, 1972, S. 109.
349 Mangold, Fahndung, S. 98.
350 Zimmer, Weißt du noch.
351 Hans-Gerhard Steinbauer: Die Krimihomepage, online unter: http://krimiserien.heimat.eu/fernsehspiele/1974-eskalation.htm
352 Funkuhr Nr. 47/1974, zitiert nach: http://krimiserien.heimat.eu/fernsehspiele/1974-eskalation.htm.
353 Fuhrmann / Schiffer, Dieter Wellershoff.
354 O. Verf.: »Waldmensch« Fabeyer wieder auf der Flucht, in: Weser-Kurier vom 18. März 1983, S. 24.
355 NLA STD, Rep. 86 Celle, Acc. 2009/027, Nr. 107.
356 NLA H, Nds. 50, Acc. 2017/72, Nr. 82.
357 NLA H, Nds. 50, Acc. 2017/72, Nr. 81. NLA OS, Rep 945, Akz. 2004/048, Nr. 13.
358 NLA STD, Rep. 86 Celle, Acc. 2009/027, Nr. 107.
359 NLA H, Nds. 50, Acc. 2017/72, Nr. 81. NLA STD, Rep. 86 Celle, Acc. 2009/027, Nr. 108.
360 Mauz, Wurst.
361 Die Übersetzerin Gisela Zuckmayer, geborene Schoenfeld, danach Günther, geschiedene Jockisch, lebte in Frankfurt, während sich ihr Mann um die Musikausbildung in der Türkei kümmerte.
362 NLA STD, Rep. 86 Celle, Acc. 2009/027, Nr. 108.
363 NLA OS, Rep 945, Akz. 2004/048, Nr. 13. NLA H, Nds. 50, Acc. 2017/72, Nr. 81. NLA STD, Rep. 86 Celle, Acc. 2009/027, Nr. 108. Ulrich Hanser: Fabeyer verlebte das Fest bei Zuckmayer-Schwägerin, in: NOZ vom 7. Januar 1977.
364 NLA H, Nds. 50, Acc. 2017/72, Nr. 81, und NLA STD, Rep. 86 Celle, Acc. 2009/027, Nr. 109.
365 NLA STD, Rep. 86 Celle, Acc. 2009/027, Nr. 109.
366 NLA H, Nds. 50, Acc. 2017/72, Nr. 81, und NLA STD, Rep. 86 Celle, Acc. 2009/027, Nr. 109.
367 NLA OS, Rep 945, Akz. 2004/048, Nr. 13. NLA STD, Rep. 86 Celle, Acc. 2009/027, Nr. 109 und 110.
368 NLA STD, Rep. 86 Celle, Acc. 2009/027, Nr. 110. O. Verf., »Waldmensch« Fabeyer wieder auf der Flucht.
369 Jan Möller: Der Mann, der den »Waldmenschen« fing, in Bild, Regionalausgabe Hannover, vom 16. März 1983 (in: NLA STD, Rep. 86 Celle, Acc. 2009/027, Nr. 110).
370 Rainer Lahmann-Lammert: Anstaltsleitung: Vielleicht ist er in Panik ausgebrochen, in: NOZ vom 17. März 1983.
371 NLA STD, Rep. 86 Celle, Acc. 2009/027, Nr. 110. Beate Tenfelde: Fabeyer bei Bramsche gefasst, in: NOZ vom 18. März 1983.
372 O. Verf.: Fabeyer wollte zum Grab seiner Mutter, in: NOZ vom 22. März 1983. Bert Strebe: Dies war eine der spektakulärsten Verbrecherjagden des Landes, in: Hannoversche Allgemeine Zeitung vom 24. Dezember 2017.
373 NLA H, Nds. 50, Acc. 2017/72, Nr. 81.
374 Strebe, Verbrecherjagden. Frank, Kriminalfälle, S. 150.
375 NLA H, Nds. 50, Acc. 2017/72, Nr. 81, und NLA STD, Rep. 86 Celle, Acc. 2009/027, Nr. 110.
376 NLA STD, Rep. 86 Celle, Acc. 2009/027, Nr. 110.
377 Tenfelde, Fabeyer bei Bramsche gefasst.
378 NLA OS, Rep 945, Akz. 2004/048, Nr. 13.
379 Rainer Lahmann-Lammert: Der Aussteiger, in: Westfälisches Literaturbüro in Unna e.V. (Hrsg.), Viel

Zeit ist nicht mehr – Geschichten und Gedichte. Eine Auswahl zum Literaturpreis Umwelt, Brackwede bei Bielefeld 1987, S. 48-66.

380 Westfälisches Literaturbüro, Viel Zeit, S. 8.

381 NLA OS, Rep 945, Akz. 2004/048, Nr. 13. NLA H, Nds. 50, Acc. 2017/72, Nr. 82.

382 NLA OS, Rep 945, Akz. 2004/048, Nr. 13.

383 Ebd.

384 Ebd.

385 Ebd.

386 Ebd

387 NLA H, Nds. 50, Acc. 2017/72, Nr. 82.

388 NLA OS, Rep 945, Akz. 2004/048, Nr. 14. NLA H, Nds. 147, Acc. 118/98, Nr. 1/1.

389 NLA H, Nds. 50, Acc. 2017/72, Nr. 82 (Brief vom 14. Mai 1987).

390 NLA OS, Rep 945, Akz. 2004/048, Nr. 15.

391 Christian Renz: Bruno Fabeyer: Er starb einsam und anonym, in: NOZ vom 1. Mai 1999, S. 12.

392 Ebd.

393 NLA OS, Rep 945, Akz. 2004/048, Nr. 15. NLA H, Nds. 50, Acc. 2017/72, Nr. 82.

394 Frank, Kriminalfälle, S. 150.

395 Renz, Bruno Fabeyer.

396 Burghard, Nachruf, S. 117.

397 Mangold, Fahndung, S. 23.

398 Mangold, Fahndung, S. 17, 23. Mangold, Fall Fabeyer, S. 108-110.

399 Mangold, Fahndung, S. 35-36.

400 Ebd., S. 28.

401 Ebd., S. 45 f.

402 Ebd., S. 72.

403 Ebd., S. 49.

404 Ebd.

405 Ebd.

406 Strotmann, Jagd.

407 Mangold, Fahndung, S. 86.

408 Ebd., S. 76. Mangold, Fall Fabeyer, S. 110.

409 O. Verf.: Auf der Flitze, in: Der Spiegel, Nr. 47/1967, S. 54. Mangold, Fahndung, S. 18, 66.

410 Mangold, Fahndung, S. 75.

411 Ebd., S. 97.

412 Ebd., S. 78 f.

413 Udo Fleck: »Ein Messer in der Hand und eins im Maul!« – Die Schinderhannesbande (1796-1803), in: www.regionalgeschichte.net, URN: urn:nbn:de:0291-rzd-010382-20201812-8

414 https://landgericht-osnabrueck.niedersachsen.de/startseite/aktuelles/presseinformationen/urteil-des-landgerichts-osnabruck-wegen-mordes-am-augustaschacht-188941.html

415 O. Verf.: Waffenlager im Wald bei Hagen von Drogenhändlern angelegt? | NDR.de - Nachrichten - Niedersachsen - Studio Osnabrück. Und https://www.noz.de/lokales/hagen/artikel/2248952/grosses-raetselraten-wer-hat-in-hagen-waffen-in-einem-erddepot-versteckt

416 O. Verf.: Zurwehme auf der Flucht: »Der Fahndungsdruck war gerechtfertigt«, in: Mindener Tageblatt vom 26. Juli 2014.

417 O. Verf.: Zurwehme im Wald untergetaucht?, in: https://www.spiegel.de/panorama/moerdersuche-zurwehme-im-wald-untergetaucht-a-33139.html

418 Steffen Lüddemann: Das Feature – Stress und Jagdtrieb?, Hörspiel in: deutschlandfunkkultur.de vom 27. Juni 2000.

419 https://www.spiegel.de/panorama/chronologie-neun-monate-jagd-auf-zurwehme-a-74958.html

420 Katja Auer: Niemand hat ihn je gesehen – Polizei sucht den Waldmenschen, in: Süddeutsche Zeitung vom 21. Oktober 2014 (https://www.sueddeutsche.de/bayern/polizei-sucht-den-waldmenschen-niemand-hat-ihn-je-gesehen-1.2182782?print=true).

421 Manfred Scherer: So schnappte die Polizei den Waldläufer, in: Nordbayerischer Kurier vom 14. Januar 2015. https://www.kurier.de/inhalt.der-serieneinbrecher-lebte-nicht-weit-vom-waldrand-weg-in-einem-zelt-mit-heizung-und-raeucherkammer-so-schnappte-die-polizei-den-waldlaeufer.43847964-c160-4cc5-82df-759470656e36.html und https://www.fichtelgebirge-oberfranken.de/waldlaeufer.htm.

422 https://www.facebook.com/SWRAktuell/videos/199260234841274

423 https://www.sueddeutsche.de/panorama/gericht-waldlaeufer-oppenau-schwarzwald-1.5211652; O. Verf.: Oppenau im Schwarzwald: Polizei fasst gesuchten 31-Jährigen, in: Der Spiegel. O. Verf.: »Waldläufer von Oppenau«: Yves R. zu drei Jahren Haft verurteilt, in: Der Spiegel.

424 Zum Beispiel: Rainer-Lahmann-Lammert: Vor 40 Jahren: Fabeyers Festnahme, in: NOZ vom 24. Februar 2016, und Joachim Dierks: Er führte die Polizei monatelang an der Nase herum, in: NOZ vom 27. Februar 2016, S. 33.

425 Frank Henrichvark: Osnabrück in der zweiten Hälfte des 20. Jahrhunderts, in: Gerd Steinwascher (Hrsg.), Geschichte der Stadt Osnabrück, Belm 2006, S. 767-890 (830-831).